KB064246

중·고등학생을 위한
인공지능
교과서 ①

천위쿤陳玉琨 책임편집
사이언스주니어인공지능연구회 옮김
AI PLUS 피지컬컴퓨팅교사연구회 감수

光文閣
www.kwangmoonkag.co.kr

ⓒ The Commercial Press, Ltd., 2019
《人工智能入门》(第一册) 韩文版由商务印书馆有限公司授权出版发行

ⓒ The Commercial Press, Ltd., 2019
《人工智能入门》(第二册) 韩文版由商务印书馆有限公司授权出版发行

이 책의 한국어판 저작권은 商务印书馆有限公司와의 독점계약으로 광문각에 있습니다.
저작권법에 의해 한국 내에서 보호를 받는 저작물이므로 무단전재와 복제를 금합니다.

- 이 책은《人工智能入门》(第一册)과《人工智能入门》(第二册)을 묶어《인공지능 교과서 1권》으로 출판하였습니다.
- 《인공지능 입문(人工智能入门)》의 저자 센스타임(SenseTime, 北京市商汤科技开发有限公司)은 인공지능 기술 기업으로, "예제"와 "연습"을 위한 테스트 플랫폼(플랫폼은 유료)을 가지고 있습니다.
  《인공지능 입문(人工智能入门)》을 위한 교사용 교과용 책은 商务印书馆有限公司에서 추후 발간 예정입니다.
- 이 책의 "생각과 토론"은 학생이 생각과 토론을 통해 인공지능의 응용을 이해하도록 구성되었으며, "예제"와 "연습"에서 다루는 프로그래밍 실습과 소규모 프로젝트에 대한 실제적인 교육 플랫폼은 센스타임(https://www.sensetime.com/)에서 가지고 있습니다.

감수의 글

　어렸을 때 공상과학 소설에서 읽었고 얼마전까지 영화 및 TV SF물에서나 보와 왔던 여러 가지 것들이 언젠가 부터 우리의 일상적인 생활용어로 자연스럽게 사용되고 다양한 매체를 통해서도 쉽게 접근할 수 있게 되었습니다. 인공지능의 분야는 알파고가 세상에 알려지기 전과 후가 너무나도 많은 변화가 되는 것을 알 수 있습니다.

　일반적으로 사람과 기계를 구분하는 것은 사람은 깊이 생각을 할수 있는 것이고 기계는 단순한 계산과 저장이 뛰어나다고 하던것에서 컴퓨터도 스스로 생각하고 사람과 같은 두뇌역할을 한다는 점이 정말 놀라울 정도로 발전되어 간다고 하겠습니다.

　인공지능은 제4차 산업혁명의 핵심 기술로 우리의 생활과 패턴에 많은 변화를 가져오고 국가의 미래 전략에서도 매우 중요한 글로벌 경쟁을 하는 현실에서 전 세계 수많은 국가와 기업이 뛰어들어 국가의 생존을 거는 경쟁을 한다고 봐도 과언은 아닐 것입니다.

　가까운 중국이 내세운 목표 중 2030년까지 인공지능(AI) 분야에서 세계 1위로 도약하기 위한 목표를 삼아 중국의 정부 차원에서 인공지능 교재를 개발하고, 각 시범학교로 보급하여 인공지능의 교육에 힘을 쓰고 있고, 마침내 인공지능이 초·중·고 필수과목이 되어 가고 있는 것이 우리나라의 미래 교육으로는 정말 부러운 일이라 하겠습니다.

　이 책은 중국 최고의 인공지능 플랫폼 기업 센스타임과 교육 전문가 및 중등학교의 우수한 교사들이 공동으로 개발하였습니다. 집필진은 교재를 개발한 목적을 "학생들이 과학자들처럼 사고할 수 있도록 인도하는 것"이라고 밝히고 있듯이, 인공지능은 가까운 미래에 우리나라 청소년들에게 반드시 필요한 교육임이 분명하다고 생각됩니다.

이 책은 인공지능을 배우고자 하는 학생들이면 한 번쯤은 인공지능에 대한 과학적 이론을 이해하도록 하고 처음부터 차근차근 인공지능 이론과 기본적인 능력을 활용할 수 있도록 총 9장으로 구성되어 있습니다.

그 중 인공지능 개요, 간단한 프로그래밍, 머신 비전 소개, 이미지 처리와 분류, 음성인식, 자연어 처리를 포함한 전체 내용이 풍부한 사진 자료와 함께 잘 설명되어 있습니다. 각 장은 다양한 관련된 그림 또는 생활 장면을 가지고 문제에 대한 사고를 통해 단계적으로 지식을 전달하고 있습니다.

현재의 인공지능은 우리의 생활에 깊숙이 파고들어 있으며, 이미 인공지능를 할 수 있는 인프라 구축이 매우 잘되어 있습니다. 인공지능 기술은 컴퓨터비전, 자연어 처리, 소리 및 음성 처리, 게임 이론과 윤리, 로봇공학 등의 분야에서 응용되고 있습니다. 자연어 처리 기술의 발전에 따라 언젠가는 우리가 외국인들과 소통할 때 인공지능이 우리의 말과 감정을 정확하게 전달하여 소통에 장애가 없는 날이 도래할 것입니다.

우리나라의 미래에 주역이 되는 청소년들에게 인공지능은 학생들이 가지려는 다양한 직업과 생활에 없어서는 안 될 필수적인 도구이기에 이 책이 인공지능을 학습하는 초석이 되는 마치 길잡이와 같은 책이 되리라 믿고 이 책을 추천합니다.

AI PLUS 피지컬컴퓨팅교사연구회 감수

목차

제1장 인공지능 개요

세상에서 가장 훌륭한 작사가, 작곡가는 누구일까요?

세상에서 레시피를 가장 많이 알고 있는 요리사는 누구일까요?

세상에서 자신을 가장 잘 아는 사람은 누구일까요?

세상에서 가장 훌륭한 운전사는 누구일까요?

세상에서 가장 훌륭한 의사는 누구일까요?

…

여러분들의 마음속에는 자신만의 대답이 있을 것입니다.

하지만 몇년 후에는 위의 물음에 대해 모두 같은 대답을 할 것입니다.

답은 바로, 인공지능입니다.

인간지능에서 인공지능으로

"우리는 미약한 존재이지만, 중대한 일들을 수행할 수 있는 능력이 있다."

– 스티븐 호킹

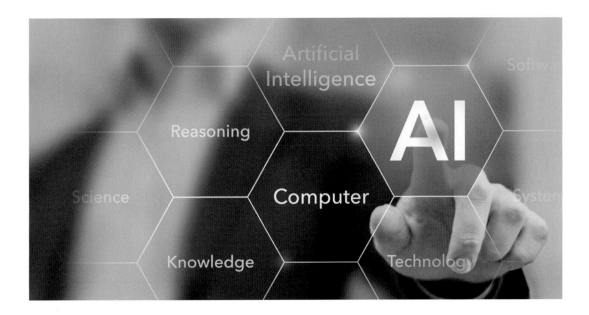

만약 황량한 사막에 홀로 남겨진다면, 우리는 한 마리 낙타만도 못할 것입니다. 만약 광야에서 앞을 향해 달려간다면, 우리는 한 마리 말조차 따라갈 수 없을 것입니다.

"인간은 한 줄기의 갈대에 지나지 않는다. 자연 가운데 가장 약한 존재이다. 하지만 인간은 생각하는 갈대다."라고 물리학자이자 철학자인 블레즈 파스칼은 말했습니다. 우리는 생각할 수 있는 능력이 있기 때문에 연약한 몸으로 찬란한 인류 문명을 만들었습니다. 생각하는 과정은 우리가 외부 환경을 인식하고, 지식과 기술을 학습함으로써 추리와 의사결정을 하게 됩니다. 이 과정이 바로 '지능'의 구현입니다.

'지능'의 개념에 대해서는 여러 가지 정의가 있습니다. 심리학자 로버트 스턴버그(R.J. Sternberg)는 "지능의 정의는 지능을 정의하고자 하는 사람만큼 많다."라고 말했습니다. 지능의 보편적인 정의는 인식, 이해, 기억, 학습, 계산, 추리 등 과정을 포함하는 능력입니다. 간단한 예를 들어 보면, 만약 어느 날 우리가 어떤 낯선 방에 갇혀 있고 목표는 방에서 탈출하는 것이라면, 먼저 방 안에 있는 물건의 배치를 관찰하고 문의 위치를 파악한 다음, 문을 열어보려고 할 것입니다. 문이 안 열린다면 방에서 열쇠나 문을 열 수 있는 도구를 찾아서 문을 열어보려고 할 것입니다. 이것이 방을 탈출하는 과정인데, 바로 '지능'을 사용하는 과정이기도 합니다.

인간의 지능에 대해 과학자들은 끊임없이 탐구하고 있습니다. 인공지능은 인간의 인지 능력을 기기를 통해 시뮬레이션하는 기술로서 인간의 '지능'을 연구하는 것과 분리할 수 없습니다. 인공지능에 관한 중요한 연구 목표에는 "사람처럼 생각하는 것"과 "사람처럼 행동하는 것"이 있습니다. "사람처럼 생각하는 것"은 인지과학 분야의 연구가 필요하며, "사람처럼 행동하는 것"에 관한 가장 유명한 연구 사례로 '튜링 테스트'가 있습니다.

튜링 테스트에 대해 간단히 설명하면, 우리가 상대방과 채팅을 한 다음, 그가 사람인지, 로봇인지를 판단하는 것입니다. 만일 로봇이 '위장'에 성공해서 우리가 인간과 채팅하고 있는 것으로 판단한다면, 튜링 테스트가 성공했다는 뜻입니다. 튜링 테스트를 통과한 로봇은 다음과 같은 능력이 있습니다.

① 자연어(자연 언어) 처리: 언어를 이해하고 인간과 소통이 가능하다.

② 지식 전달: 듣고, 아는 사실을 저장한다.

③ 자동 추리: 저장한 정보를 바탕으로 문제에 대답하거나 결론을 내린다

④ 기계학습(머신러닝): 새로운 환경에 적응한다.

사실 완벽한 튜링 테스트는 이것보다 조금 더 복잡합니다. 컴퓨터 비전과 로봇공학에 관련된 기술에 대한 이해가 필요합니다. 관심이 있다면 조금 더 깊이 공부하는 것을 권장합니다.

인공지능으로 무엇을 할 수 있는가?

19세기에 스스로 생각할 수 있는 로봇은 판타지 소설의 흥미롭고 새로운 소재로 사용되었습니다. 오늘날은 '인공지능'이 판타지 소설의 새롭고 중요한 소재로 사용되고 있습니다. 많은 사람이 인공지능을 사람과 비슷한 로봇으로 생각하지만, 인공지능이란 모든 분야에서 인공지능과 관련된 기술을 사용하여 주어진 문제를 구체적으로 이해하고 합리적인 방법으로 해결하는 능력입니다. 구체적으로 얼굴 인식을 사용한 보안 잠금 해제, 프로 기사와 바둑으로 대결하는 알파고와 같은 사례들도 인공지능이 사용된 분야입니다.

오늘날 인공지능 기술은 컴퓨터 비전, 자연어 처리, 소리 및 음성 처리, 게임 이론과 윤리, 로봇공학 등의 분야에서 응용되고 있다.

다양한 인공지능 기술이 일상생활에서 알맞고 조화롭게 융합된 인공지능 상품으로 구현된 분야가 있습니다. 지금부터 우리는 실제로 융합된 구체적인 사례들을 인공지능의 응용 분야에서 살펴볼 것입니다.

인공지능과 컴퓨터 비전

컴퓨터 비전은 컴퓨터가 이미지에서 유용한 정보를 추출하는 것으로 인간이 눈으로 목표를 인식하고 추정하여 결정하는 것이라 할 수 있습니다. 간단히 정의하면, 인공지능을 컴퓨터 비전 분야에서 응용하는 것은 '눈으로 보는 모든 것'이라 말할 수 있습니다.

먼저 우리의 일상생활에서 가장 일반적으로 사용되고 있는 얼굴 인식 기술을 예로 들어, 이러한 응용 기술이 우리의 삶에 가져올 큰 변화를 소개합니다.

얼굴 인식의 과정은 '보이는 과정', '알아보는 과정', '인식하는 과정'의 3단계로 구분할 수 있습니다. 첫 번째 '보이는 과정'은 보이는 얼굴의 형상을 분별하고, 얼굴의 위치 및 각도 등의 유용한 정보를 찾는 과정입니다. 두 번째 '알아보는 과정'은 얼굴에서 눈, 귀, 코, 입, 피부의 특징과 표정, 안경을 쓴 여부 등의 정보들을 분석하는 과정입니다. 앞의 두 단계에서 얻은 정보를 데이터베이스에 저장된 이미지와 비교하면서 누구인지 '인식하는 과정'을 실행하여 얼굴 인식 과정을 완료합니다.

이러한 얼굴 인식의 기술은 우리의 일상생활에서 다양하게 응용되고 있습니다.

예를 들어 스마트폰 애플리케이션의 카메라 필터에는 얼굴 인식 기술을 사용하여 얼굴의 각 부위를 인식하고, 눈을 확대하거나 피부의 점을 지우는 등의 적절한 필터 기능이 있습니다. 인터넷 쇼핑을 할 때도 얼굴 인식 기술을 사용해 간단하고 편리하게 결제를 할 수 있습니다. 출근하거나 등교할 때도 얼굴 인식 기술로 출석을 확인합니다. 이러한 얼굴 인식 기술은 보안 분야에서 수배자를 찾아 체포하는 데 응용되어 사회의 치안 유지에 도움이 되고 있습니다.

본인 인증

공항 출입국 검사

은행 ATM

인공지능 무인 호텔

[그림 1-1] 얼굴 인식 응용 분야

그 외에 인공지능은 예술가로 변신하여 사진을 더 예쁘게 만들어 주기도 합니다. 우리는 반 고흐의 작품 〈별이 빛나는 밤〉을 마주하게 되면 그의 탁월한 예술적 힘에 매혹되어 탄성을 지르게 됩니다. 또한, 모네의 〈아르장퇴유의 센강〉을 보게 되면 색채와 빛의 섬세한 표현에 빠져들어 센강을 거닐게 됩니다. 그렇지만 이제 인공지능이 예술가의 회화 스타일과 표현 기법을 평범한 이미지에 적용하여 그 이미지가 한 폭의 예술 작품으로 창조하고 있습니다. 예전에는 상상할 수 없었던 현상입니다.

[그림 1-2] 인공지능이 구현한 스타일 변환

인공지능과 자연어 처리

자연어는 인류 발전 과정에서 사용과 반복을 통해 자연적으로 생성되고 끊임없이 진화하는 언어를 말합니다. 자연어 처리는 인공지능 언어학의 한 분야로서 컴퓨터가 인류의 언어를 이해하고 생성하는 부분을 주로 탐구합니다.

현재 우리가 사용하고 있는 기계 번역, 지능형 음성 비서 등의 핵심 기술은 자연어 처리에 속합니다.

[그림 1-3]
지능형 음성 비서

사람들이 평소 의사소통할 때 사용하는 언어를 이해하는 것이 인공지능이 자연어 처리에서 가장 먼저 해결해야 할 과제입니다. 그중 흥미로운 과제로 인공지능이 문학적 창작을 발휘하여 '시를 쓰는 것'이 있습니다. 인공지능은 옛 시에 표현된 언어 데이터를 대량 학습함으로써 인공지능은 '재능 있는' 시인이 될 수 있습니다.

아래에서 "서로 마음이 통하다"라는 첫 문장으로 시작하는 세 개의 시를 소개합니다. 그중 어느 시가 인공지능에 의해 쓰였는지 구별할 수 있나요?

시 1.
서로 마음이 통하니, 바다와 산에는 아무 일도 없었다.
현은 음정에 따라 움직이고 있지만, 강물과 달에도 있다.

21

시 2.

서로 마음이 통하니, 어젯밤 바람이 불었다.

다정한 것이 무정한 것보다 더 고달프고, 거울 속에는 비어 있다.

시 3.

서로 마음이 통하니, 머리는 비어 있지만 염원은 무겁다.

혼과 낭군이 점점 멀어져가고, 나무잎들은 달을 가렸다.

답은, 두 번째 시가 인공지능의 작품입니다. 혹시 여러분들도 눈치 채셨나요? 이러한 시를 잘 지으려면 많이 보고, 기억력이 좋아야 하는데, 이 점에서 인공지능은 사람과 비교할 수 없을 정도로 뛰어납니다. 만약 더 모호하고 광범위하며, 섬세하고 감성적인 주제였다면, 인공지능이 실패할 수도 있습니다. 왜냐면 사람과 비교해 감성적인 특징이 부족하기 때문입니다.

또한, 지금의 번역기는 아직도 '문자적인 의미'를 전달하는 정도에만 머물러 있습니다. 하지만 언어의 뒤에는 인간의 풍부한 사유적 활동이 들어 있습니다. 자연어 처리 기술의 발전에 따라, 언젠간 우리가 외국인 친구들과 소통할 때 인공지능이 우리의 말과 감정을 정확하게 전달하여 소통에 장애가 없는 날이 도래할 것입니다. 또 다른 언어로 된 문헌과 작품을 이해할 때도 전문 번역자가 긴 시간 고생하지 않아도 인공지능 시스템의 도움으로 읽을 수 있을 것입니다. 그때가 되면, 인공지능의 도움을 받아 인간은 진정한 '국경 없는' 언어의 시대로 진입하게 될 것입니다.

인공지능과 바둑

인공지능과 사람이 바둑을 두는 것은 이제 새롭지 않습니다. 1997년, IBM의 슈퍼컴퓨터 '딥블루(Deep Blue)'는 당시 국제 체스 챔피언을 이겼습니다. 하지만 바둑은 전략이 심오하고, 상황이 쉽게 변해서 체스 게임보다는 훨씬 복잡하기에 인공지능이 쉽게 정복할 수 없었습니다. 하지만 2016년, 알파고(Alphago)가 인류 최고의 바둑기사 이세돌을 이기면서 전 세계를 뒤흔들었습니다.

2017년, 알파고(Alphago)는 또 5명의 중국 정상급 바둑기사들을 모두 이겨 버렸고, 당시 세계 랭킹 1위의 바둑기사인 중국의 커제와 대결했습니다. 커제는 경기 시작 전 "저는 지금 역사의 전환점에 있습니다. 알파고와 같은 강력한 상대의 경쟁 상대가 되어 너무 행복합니다. 최선을 다해서 경기를 진행할 것이며 쉽게 물러서지 않을 것입니다."라는 발언을 했지만, 결국 알파고를 이기지 못했습니다.

'인류 지혜의 성'인 바둑은 공식적으로 인공지능에게 패했습니다.

인간과 인공지능의 바둑 대결은 역사에 기록될 만한 가치가 있습니다. 인간 바둑기사가 승리하든, 인공지능이 승리하든 간에 모두 '사람'이 승리한 것입니다. 이를 통해 우리는 인공지능에 관한 기술을 학습하는 것이 매우 중요하다는 것을 알 수 있습니다.

인공지능을 이기려면 먼저 인공지능을 알아야 하고, 인공지능을 활용하려면 먼저 인공지능을 파악해야 합니다.

[그림 1-4] 커제와 알파고 마스터의 바둑 대결

인공지능은 도시 교통 계획, 상업 수익과 재고 관리, 금융 거래 등의 분야에서도 발전 가능성이 매우 높습니다.

예를 들어 도시에서는 교통 혼잡 문제가 자주 발생하는데, 도로 구간마다 차 막힘 정도와 통행 거리가 다릅니다. 만약 운전기사들이 이러한 상황 정보를 알게 된다면 동시에 막히지 않는 도로로 모이게 되는데, 그러면 원래 제일 원활하던 도로가 또 서서히 막히게 됩니다.

이럴 때 만약 인공지능 시스템이 '교통 정리'를 한다면, 인공지능은 대량의 환경 정보와 운전자의 운전 데이터(운전기사가 가장 많이 사용하는 노선, 차 막힘에 대한 인내심 정도, 노선을 자주 변경하는 여부)를 기반으로 개별화된 '안내'를 통해 합리적인 교통 정보를 제공합니다.

[그림 1-5] 지능형 교통 계획

인공지능에 관한 사고와 토론

"지금까지 인공지능의 연구에서 가장 위험한 점은, 너무나 많은 사람이 스스로 인공지능에 대해 잘 알고 있다고 생각하는 것이다."

(By far, the great est danger of Artificial Intelligen ce is that people conclude too early that they under-.stand it. – Eliezer Yudkowsky)

인공지능에는 탁월한 기능이 많이 있지만 우리가 원하는 '지능'과는 어느 정도 거리가 있습니다.

구체적인 예를 들어 보면, 가정용 로봇에 대한 우리의 기대는 물이나 차를 갖다 주거나, 냉장고를 열어 물건을 꺼내거나, 테이블을 정리하고, 옷을 갠다거나 하는 등 생활 속에서 도우미 역할을 하는 것입니다. 지금의 시장에서도 가정용 로봇을 볼 수 있으나 감지, 결정, 자기 학습 등의 면에서 아직도 부족한 점이 있습니다. 예를 들면 로봇이 우리가 일상생활에서 볼 수 있는 물건을 집게로 집을 때, 어떻게 신속하고 정확하게 잡을지는 여전히 학계의 과제입니다. 더 추가적으로 설명하자면, 로봇이 어떻게 컵의 손잡이처럼 물체의 기능적인 부위의 존재를 인식하고 정확하게 조작할 수 있는지에 대한 문제도 학계에서 해결해야 될 문제입니다.

이밖에도 인공지능이 인간에게 위협이 되는지에 대해 다양한 생각과 논쟁이 존재합니다. 어떤 사람들은 인공지능의 발전이 인류 문명에 있어서 '무서운 문제와 위협'이 될 수 있다고 생각합니다. 많은 판타지 영화에서 인공지능이 인류를 멸종시키려고 하는 스토리가 종종 나타나는데, 이는 많은 사람에게 인공지능의 출현에 대한 공포를 느끼게 합니다.

어떤 사람들은 인공지능이 인간에게 열등감을 줄 수 있다고 걱정하기도 합니다. 하지만 실제로 우리는 꽃 한 송이를 보고도 다소 부끄러움을 느낄 수 있습니다. 그러한 두려움 때문에 과학 기술의 발전 추세에 제동을 거는 것은 소극적이고 무책임합니다. 사실 기술의 발전 자체는 나쁘지 않습니다.

이러한 기술이 우리에게 좋은 영향을 미칠 것인지, 나쁜 영향을 미칠 것인지는 사용하는 사람에 달려 있습니다. 대다수 사람들은 과학 기술의 발전이 보편적인 추세이며 거스를 수 없는 역사의 큰 흐름이라고 생각합니다.

[그림 1-6]
2017년 〈New Yorker〉
잡지 표지. 그림에
서는 로봇들이 바쁘
게 오고 가지만, 정
작 인간은 로봇에게
구걸하는 노숙자의
모습을 하고 있다.

생각과 토론

여러분들은 인공지능의 미래에 대해 어떤 견해가 있나요? 또 인공지능의
발전이 인류를 위협하게 될 것인지에 대한 견해는 어떤가요?

인공지능과 제4차 산업혁명

"과거의 일은 돌이킬 수 없지만, 미래의 일은 바로잡을 수 있다."

― 도연명

인류의 역사는 끊임없이 발전하고 있습니다.

제1차 산업혁명 이후, 우리의 두 손은 해방되었으며, 증기기관은 우리에게 교통수단을 제공하였습니다. 전기 시대로 진입하면서 전등은 우리의 밤을 밝혀 주었고, 전화기는 멀리 있는 소리를 들을 수 있게 하였으며, 영화는 멀리에 있는 이야기를 보게 하였습니다.

컴퓨터의 발명으로 3차 산업혁명이 시작되었습니다. 인류는 이제 눈에 보이는 지구를 벗어나 우주의 비밀을 탐색하기 시작했고, 인간의 계산 능력을 훨씬 뛰어넘는 기계를 만들어 별나라로 향하기 시작했습니다.

지금 우리는 제4차 산업혁명의 혜택을 입고 성장해나갈 새로운 세대입니다. 인공지능은 제4차 산업혁명의 핵심 기술로서 점차 우리의 생활을 변화시키고 있습니다. 인공지능의 음악 추천과 쇼핑 추천 시스템은 우리 각자의 취향을 누구보다 더 잘 알고 있으며, 자율 주행은 운전에서 오는 피로를 덜어줍니다. 지능형 로봇과 지능형 가구 시스템은 인류의 생활에 대한 혁명을 일으킬 것입니다.

이러한 기술들이 이미 현실에 적용되었든, 아니면 연구 과정에 있든 간에 우리가 인공지능이 가져온 편리와 발전을 누리고 있다는 점은 인정할 수밖에 없습니다.

　　이와 동시에 인공지능의 발전은 첨단 기술 인재가 부족한 현상을 초래하고 있습니다. 또한, 많은 사람이 위기와 도전에 직면하고 있습니다. 기계적이고 단순한 노동이 로봇으로 대체되면서 많은 사람이 대량 실업에 직면하게 될 것입니다.

　　미래가 보이면서 기회와 도전도 공존하고 있습니다. '작은 나'의 시각으로 보면, 빠르게 발전하는 시대에서 탈락하지 않기 위해 어떻게 학습하고 발전할지는 개개인이 심각하게 고민해 볼 문제입니다.

　　빛이 미약하더라도 존재하기에, 오는 날 또한 기대해볼 만합니다.

우리가 인공지능이 빠르게 발전하는 미래에 살고 있다면?

생각과 토론

인공지능이 생활에 적용된 미래를 상상하면서 자유롭게 토론해 봅시다.

제2장 파이썬 프로그래밍 기초
_프로그램으로 자동차와 대화하기

좌회전
하세요

과거 많은 판타지 영화에서 로봇이 등장했습니다. 로봇은 집에서 이동하면서
물체의 위치를 파악하고, 주인을 도와 집안일을 하면서 주인과 협조하여 일
을 합니다. 인공지능 기술이 빠르게 발전하고 있는 지금, 이러한 판타지 영화
중의 장면들이 점차 현실로 되어 가고 있습니다. 하지만 로봇학의 정의 중,
이러한 로봇은 '이동식 로봇'에 속하며, 어떠한 물리적 환경에서 자동으로 이
동하면서 '자동적'으로 임무를 완수합니다.

가정용 청소 로봇과 재난 구조 로봇은 모두 이동식 로봇에 속합니다.

천릿길도 한 걸음부터 시작합니다. 우리가 인공지능 지식을 배우고 첨단 기능을 갖춘 이동식 로봇을 구현하려면 먼저 로봇의 세계로 들어가야 합니다. 로봇의 세계로 들어가려면 먼저 로봇과 소통할 수 있는 언어, 프로그래밍 언어를 배워야 합니다. 프로그래밍 언어에는 여러 종류가 있는데, 인공지능 분야에서 가장 광범위하게 쓰이는 언어가 바로 파이썬(Python)입니다. 파이썬 언어는 이미 컴퓨터 비전, 음성 인식, 자연어 처리, 데이터마이닝, 딥러닝 연구 등 중요한 분야에서 널리 사용되고 있습니다.

파이썬 언어

 파이썬은 컴퓨터 언어의 일종으로 간결하고 생산성이 높은 프로그래밍 언어입니다. 파이썬은 1991년 네덜란드 프로그래머 귀도 반 로섬(Guido van Rossum)에 의해 개발되었습니다. 파이썬은 일종의 해석형 언어로서 코드의 가독성과 간결한 프로그래밍 구조를 강조합니다. 개발자는 파이썬을 통해 간단하고 빠르게 생각을 표현할 수 있으며, 세세한 부분에 크게 신경쓰지 않아도 됩니다. 파이썬은 웹 개발, 과학 기술 계산, 교육 및 응용 프로그램에 점차 많이 쓰이고 있습니다.

이 장에서 우리는 가상 공간의 가상 자동차를 파이썬을 사용하여 조종할 것입니다. 어떠한 명령을 사용해 가상 자동차를 제어할 수 있을까요? 어떻게 가상 자동차에 주변의 물리적 개체를 인식할 수 있는 능력을 갖추게 하고, 가상 자동차에 결정할 수 있는 능력을 부여할 수 있을까요? 어떻게 이러한 기능들을 종합적으로 응용한 가상 자동차를 구현할 것인가요? 우리는 이러한 질문에 바탕을 둬서 가상현실 가상 자동차를 조종하면서 인공지능의 기초(기초 프로그래밍, 센서 및 고전적인 인공 지능 제어 등)를 배우게 됩니다.

2.1 파이썬 프로그래밍의 기초

프로그래밍을 배우는 것은 사실 언어를 배우는 것과 같습니다. 파이 썬 프로그래밍으로 가상 자동차를 조종하는 방법을 배우기 전에 먼저 파이썬 프로그래밍의 기초 지식, 즉 파이썬 언어의 사용 방법, 문법, 문장 구조를 알아보겠습니다.

파이썬 변수

변수는 계속 변하는 값이면서, 그 값을 저장하는 공간입니다. 만약 변수에 자료(= 기호)를 넣으면 변수가 성립됩니다.

```
counter = 100      # 정수 자료를 넣으면 정수형 변수가 성립되는데
                     그 값은 100이다.
name = "John"      # name이라는 변수에 "John"이라는 값을 집어넣는다.
```

파이썬 변수에는 다양한 유형이 있습니다. 예를 들어 위의 예시에서 counter는 어떠한 수치를 가리키고, name은 문자를 가리킵니다.

파이썬은 수치(number), 문자열(string), 리스트(list), 사전(dict) 및 집합(set) 등의 변수 유형을 제공합니다.

또 흔히 볼 수 있는 유형으로 불(boolean)이 있습니다. 불에는 참(True)과 거짓(False)이라는 두 개의 값밖에 없으며 조건이 성립되는 여부를 가리킵니다.

파이썬에서 자주 나타나는 기호

기호	설명	예시
+	더하기	1+1의 결과는 2
−	빼기	5−2의 결과는 3
*	곱하기	2*5의 결과는 10
/	나누기	5/2의 결과는 2.5
%	남은 수	7%3의 결과는 1
=	할당 연산자	a=2*6
and	논리 and 연산자. 만약 두 개의 명제가 모두 True이면 결과는 True이고, 아니면 False	(True and False) False를 반환
or	논리 or 연산자. 만약 두 개의 명제 중 하나라도 True이면 결과는 True이고, 아니면 False	(True or False) True를 반환

파이썬 주석

때로는 프로그램을 작성할 때 코드 옆에 아이디어나 관련된 정보를 기록하고 싶지만, 프로그램의 실행에 영향을 주고 싶지 않을 때가 있습니다. 이때 우리는 주석을 사용할 수 있습니다. 다음의 예시와 같이 주석 부분을 보통 # 기호로 표시합니다. # 기호로 시작해서 각 행이 끝나는 부분까지 주석으로 간주되며 해석기(Interpreter)에 의해 실행되지 않습니다.

예시
| ```
def turn_back():      # 가상 자동차를 원래 위치로 돌아가게 한다
    turn_left()        # 가상 자동차를 왼쪽 90도 방향으로 회전시킨다
    turn_left()        # 가상 자동차를 또 왼쪽 90도 방향으로 회전시킨다
``` |

단원 정리

이 단원에서는 파이썬 프로그램 언어에 대한 기초 지식을 학습하였는데, 다음 단원의 프로그램 이해를 위한 기반이 됩니다.

[자체 평가]

학습 내용	학습 평가		
파이썬 변수	☐ 매우 우수	☐ 우수	☐ 보통
파이썬에서 자주 사용하는 기호	☐ 매우 우수	☐ 우수	☐ 보통
파이썬 주석	☐ 매우 우수	☐ 우수	☐ 보통
```

2.2 가상 자동차의 기본 운동

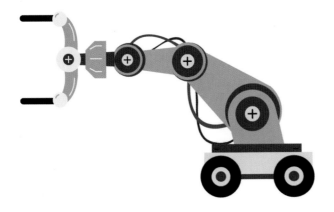

[그림 2-1]
가장 널리 사용되는
로봇

위와 같은 바퀴식 로봇은 가장 널리 사용되고 있는 로봇 중 하나입니다. 일정한 기능이 있는 로봇을 만들기 전, 우리는 먼저 로봇을 제어하는 방법을 배워야 합니다. 그중에는 가상 자동차를 우리가 원하는 곳에 도착할 수 있게 하는 방법도 포함됩니다. 본 단원에서는 프로그래밍으로 가상 자동차를 제어하는 방법을 학습합니다.

명령을 통한 상호작용

우리가 동력 시스템으로 기본 운동을 구현할 수 있는 가상 자동차를 가지고 있다면, 이 가상 자동차를 어떻게 제어할 것인가? 이 목적을 달성하기 위해서, 우리는 파이썬으로 프로그램을 작성할 수 있습니다. 파이썬은 보통 구문으로 구성되었으며, 파이썬 해석기에 의해 순차적으로 실행됩니다. 이 구문들이 실행되는 과정에서 가상 자동차는 구문의 명령에 따라 움직이는데, 우리의 이를 통해 목표를 달성할 수 있습니다. 즉 우리가 프로그램 언어를 통해 가상 자동차와 대화를 하는 과정입니다. 우리는 파이썬을 사용해서 이러한 과정을 구현할 수 있습니다.

[그림 2-2] 가상 자동차 동력 시스템의 작동 상태

가상 자동차를 움직이려면, 먼저 현실에서의 가상 자동차 조종을 결합하여, 어떠한 명확한 명령를 내려야 됩니다. 예를 들어 어떤 속도로 작동할 것인지, 얼마 동안 작동할 것인지를 말합니다. 가상 자동차의 속도는 밑부분에 있는 바퀴에 의해 생기는 견인력에 의해 결정됩니다.

우리는 가상 자동차에 다음과 같은 명령을 내릴 수 있습니다.

100%의 견인력으로 앞으로 3초 직진

50%의 견인력으로 앞으로 10초 직진

......

파이썬 함수를 사용하여 구체적인 작업을 실행할 수 있습니다.

함수

파이썬에서 함수는 반복하여 실행할 수 있는 프로그램입니다. 함수는 보통 실제의 어떤 특정된 기능에 사용됩니다. 각각의 함수에는 이름이 있는데, 함수를 사용할 때 함수의 이름을 괄호 안에 넣는 방식으로 구현할 수 있습니다.

함수 이름()

파이썬 함수는 사용자가 매개변수를 통해 함수의 동작을 설정할 수 있습니다. 매개변수를 포함한 함수의 사용 방법은 괄호 안에 지정된 매개변수 값을 넣는 것입니다. 매개변수들을 ","기호로 나눌 수 있습니다.

함수 이름(매개변수 1)

함수 이름(매개변수 1, 매개변수 2, 매개변수 3, ...)

따라서 가상 자동차의 명령을 다음과 같은 함수의 형식으로 표현할 수 있습니다.

go(왼쪽 바퀴의 견인력, 오른쪽 바퀴의 견인력, 진행 시간)

go는 함수의 이름을 말합니다. 이름은 직접 정의할 수 있는데, 바르고 확실하게 지어야 사용자가 쉽고 빨리 이해할 수 있습니다.

예를 들어 go는 제어의 대상을 앞으로 이동시키는 것을 의미합니다.

go 함수에서는, 첫 번째와 두 번째의 매개변수는 각각 왼쪽 바퀴와 오른쪽 바퀴의 견인력 크기를 뜻하며 단위는 100입니다. 세 번째 숫자는 가상 자동차의 운동과 시간을 뜻하며, 단위는 초입니다.

위와 같은 명령은 아래와 같은 함수로 표시할 수 있습니다.

go(100, 100, 3)

go(50, 50, 10)

설명 파이썬에서 "%" 기호는 다른 의미가 있으며, 코드를 간소화하기 위해 명령에서 "%" 기호를 생략하는 경우가 많습니다.

연습

1. 함수를 사용하여 가상 자동차의 견인력을 20%로 설정하여 앞으로 5초 전진하시오.
2. 함수를 사용하여 가상 자동차의 견인력을 70%로 설정하여 앞으로 1초 전진하시오.

후진 구현

우리는 지금 함수를 사용하여 가상 자동차를 전진하도록 제어하는 법을 배웠습니다. 지금부터 가상 자동차를 어떻게 후진시킬 것인지 알아봅시다.

견인력의 백분율을 정수로 설정하면, 가상 자동차는 앞으로 전진하는 구동력이 생기므로 전진하게 됩니다. 견인력의 백분율을 음수로 설정하면, 가상 자동차는 뒤로 향하는 구동력이 생기므로 후진하게 됩니다.

함수는 아래와 같이 쓸 수 있습니다.

go(-50, -50, 3)

이 함수의 의미는, 가상 자동차에게 50%의 뒤로 향하는 견인력을 부여하여 3초 동안 실행하는 것이다.

연습

1. 함수를 사용하여 자동차의 견인력을 50%로 설정하여 앞으로 5초 전진한 다음, 또 견인력을 50%로 설정하여 3초 후진하시오.
2. 함수를 사용하여 자동차의 견인력을 50%로 설정하여 앞으로 5초 전진한 다음, 제자리에서 3초 멈췄다가 다시 견인력을 50%로 설정하여 뒤로 3초 전진하시오.

가상 자동차의 방향 바꾸기

가상 자동차가 직선으로 주행할 때, 좌우 양측의 운동 궤도는 완전히 일치합니다. 하지만 방향이 바뀔 때는 좌우 양측의 운동 궤도가 다릅니다. 다른 말로 설명하면, 가상 자동차 좌우 양측의 속도는 다릅니다.

배운 내용에 따르면,

go(50, 50, 5)

는 좌우 바퀴의 견인력이 모두 50%라는 것을 알 수 있습니다.

이러한 제어 결과는 좌우 바퀴의 속도가 일치한다는 것인데, 이는 양측의 속도에 차이를 가져올 수 없습니다. 그러면 어떻게 명령을 설정해야 가상 자동차의 방향을 바꿀 것인가요? go 함수에서 좌우 바퀴에 각각 다른 견인력을 설정해서 방향을 바꾸는 기능을 구현할 수 있습니다.

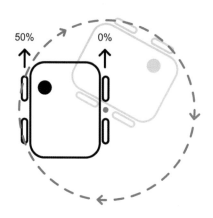

[그림 2-3]
가상 자동차의 방향
바꾸기 1

```
go(50, 0, 5)
```

이 함수는 3개의 매개변수를 포함하고 있습니다. 첫 번째 매개변수는 왼쪽 바퀴가 50%의 견인력으로 운동한는 것이고, 두 번째 매개변수는 오른쪽 바퀴가 0%의 견인력으로 운동하지 않는다는 것이며, 세 번째 매개변수는 5초 동안 실행한다는 것을 나타냅니다.

여기서 왼쪽 바퀴가 운동하지만 오른쪽 바퀴가 운동하지 않으므로, 가상 자동차는 우측을 기준으로 움직이게 됩니다.

가상 자동차의 방향이 바뀌는 원인은 양측 바퀴의 속도가 다르기 때문이라는 것을 알 수 있습니다. 가상 자동차의 좌측이 전진하고, 우

측이 전진하지 않으면, 좌우 양측 바퀴의 운동에 변화가 생기면서 가
상 자동차는 [그림 2-3]과 같은 궤도로 움직이게 됩니다.

만약 가상 자동차가 아래와 같은 함수에 따라 실행된다면 어떤 궤
도가 생길까요?

go(100, 50, 5)

이 함수가 앞의 함수와 다른 점은, 좌우 바퀴에 모두 견인력이 있지
만 다르다는 것입니다.

그렇다면 좌우 바퀴는 각각 다른 속도로 운동하면서 왼쪽 바퀴가
오른쪽 바퀴보다 빨리 움직이는데, 가상 자동차의 좌측이 우측보다 더
앞서면서 [그림 2-4]와 같은 궤도로 운동하게 됩니다.

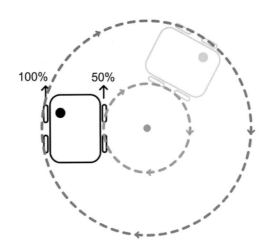

[그림 2-4]
가상 자동차의 방향
바꾸기 2

심층 탐구: 속도의 차이

우리가 실제로 사용하는 자동차는 방향 전환의 기능이 기본적으로 앞쪽 바퀴에 있습니다. 그러므로 운전자는 핸들을 제어하여 방향을 바꿀 수 있습니다. 아래 2대의 차량을 비교해 보면, 지게차는 앞 부분에 화물을 싣고 전진할 때의 속도가 비교적 느립니다. 왜냐하면, 앞쪽 바퀴와 뒤쪽 바퀴의 거리가 가깝고, 뒤쪽 바퀴로 방향 전환을 쉽게 해야 화물을 싣기 편하기 때문입니다. 반면에 자동차는 짐을 뒷부분에 싣는데, 주행 속도가 빠르고 운전자가 앞쪽에 앉아 핸들을 제어하기에 앞쪽 바퀴로 방향을 바꿔야 더 편리합니다.

[그림 2-5] 지게차와 자동차

자동차의 앞쪽 바퀴는 방향 전환이 가능하며, 핸들을 제어하면 방향을 바꿀 수 있습니다. 만약 자동차에 방향 전환 기능이 없다면, 방향을 바꿀 수 있을까요? 다음과 같은 실제 사례가 있습니다. 탱크는 바퀴가 모두 감싸져 있고, 자유로운 방향 전환 기능이 없습니다. 그렇다면 탱크는 어떻게 방향을 바꿀까요?

[그림 2-6] 탱크

[그림 2-7]은 속도의 차이를 이용하여 방향 전환을 구현하는 원리를 보여줍니다.

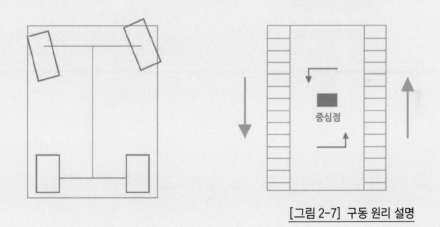

중심점

[그림 2-7] 구동 원리 설명

왼쪽 그림은 일반 자동차가 방향을 바꿀 때의 과정이며, 오른쪽 그림은 탱크가 방향을 바꿀 때의 과정입니다. 왼쪽 바퀴의 동력이 작고, 오른쪽 바퀴의 동력이 크면, 속도의 차이가 형성되면서 왼쪽으로 방향을 바꾸는 기능이 구현됩니다. 그러므로 [그림 2-8]의 탱크 조종석에는 핸들이 없으며, 무한궤도로 주행을 조종합니다.

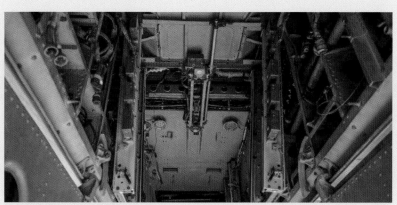

[그림 2-8] 탱크의 조종석

생각과 토론

함수 go(50, 60, 3)를 분석하고, 가상 자동차의 주행 상황을 토론해 봅시다.
함수 go(50, −50, 3)를 분석하고, 가상 자동차의 주행 상황을 토론해 봅시다.

가상 자동차의 방향을 직각으로 바꾸기

앞에서 학습한 내용으로 가상 자동차를 한쪽 바퀴는 움직이지 않고 다른 한쪽 바퀴는 전진하는 방식으로 제어하면 자동차가 제자리에서 좌회전과 우회전하는 기능을 구현할 수 있다는 것을 알 수 있습니다. 그러나 가상 자동차의 방향을 바꾸는 각도를 정확히 구현할 수 없습니다. 지금부터 가상 자동차를 90도 각도로 방향을 바꾸는 기능을 구현하는 방법에 대해 알아보겠습니다.

직각으로 방향 바꾸기

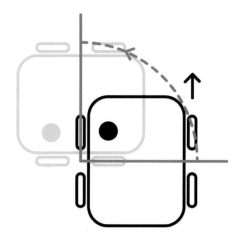

[그림 2-9]
직각으로 방향 바꾸기

[그림 2-9]는 가상 자동차가 직각으로 방향을 바꾸는 것을 설명합니다. 가상 자동차의 왼쪽 바퀴는 정지해 있고, 오른쪽 바퀴는 일정한 시간 동안 전진하다가 멈춥니다. 이때 가상 자동차는 왼쪽으로 90도 방향을 바꿉니다.

우리가 배운 함수를 응용하여 다음과 같이 제어할 수 있습니다.

go(0, 오른쪽 바퀴의 견인력, 진행 시간)

이 세 개의 매개변수에서 우리가 유일하게 확인할 수 있는 것은 왼쪽 바퀴의 견인력의 값이 0이며, 왼쪽 바퀴는 움직이지 않는다는 것입니다. 나머지 두 개의 매개변수는 아직 알 수 없습니다.

우리는 탐색하는 방법을 사용해서 먼저 하나의 매개변수를 확인한 다음, 다른 매개변수를 계속 실행함으로써 직각으로 방향을 바꾸는 매개변수의 값을 찾을 수 있습니다.

탐색 1: 견인력의 크기를 임시로 정하고, 진행 시간을 탐색합니다.
오른 바퀴의 견인력을 50%로 한다면, 함수는 다음과 같습니다.

`go(0, 50, 진행 시간)`

따라서 우리는 가상 자동차의 방향이 직각일 때까지 계속해서 실행합니다. 이때까지의 시간이 방향을 90도 바꾸는 진행 시간입니다.

탐색 2: 진행 시간을 임시로 정하고, 견인력을 탐색합니다.
가상 자동차를 3초 동안 움직여 왼쪽으로 방향을 90도 바꾸는 함수는 다음과 같습니다.

`go(0, 오른쪽 바퀴의 견인력, 3)`

따라서 우리는 가상 자동차의 방향이 직각일 때까지 오른쪽 바퀴의 견인력을 바꿔 실행해서 3초에 방향을 직각으로 바꾸는 오른쪽 바퀴의 견인력을 찾을 수 있습니다.

우리는 이와 같은 방법으로 오른쪽으로 방향을 90도 바꾸는 왼쪽 바퀴의 견인력을 탐색할 수 있습니다.

직각으로 방향을 바꾸는 매개변수

우리는 탐색 방법을 사용해 90도에 가깝게 방향을 바꿀 수 있습니다. 그렇지만 정확히 90도가 아니기에 정확한 계산법으로 90도 방향 바꾸기를 구현해 봅니다.

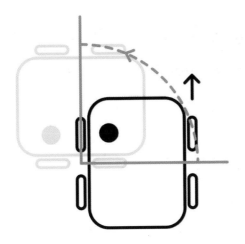

[그림 2-10]
직각으로 방향 바꾸기

[그림 2-10]과 같이, 우리는 오른쪽 바퀴의 궤도를 볼 수 있습니다. 가상 자동차의 양쪽 바퀴의 거리를 반경으로 원의 4분의 1을 나타내고 있습니다. 따라서 더 정확하게 계산하려면 양쪽 바퀴 사이의 거리, 바퀴의 직경, 바퀴의 회전 속도 등의 전제가 필요합니다.

가상 자동차의 양쪽 바퀴 사이의 거리를 d=10cm로 설정하고, 바퀴의 반경을 r=2cm로 설정합니다. 견인력이 50%이고, 바퀴의 회전 속도가 2바퀴/초이면, 다음과 같이 계산할 수 있습니다.

오른쪽 바퀴의 주행 거리: $2×π×10÷4=5π$cm
오른쪽 바퀴의 속도: $2×2×π×2=8π$cm/s
오른쪽 바퀴의 진행 시간: $5π÷8π=0.625$s

따라서 가상 자동차를 직각으로 방향 바꾸기 함수는 다음과 같습니다.

```
go(0, 50, 0.625)
```

> **연습**
>
> 가상 자동차의 왼쪽 바퀴에 50%의 견인력을 설정하여 오른쪽으로 90도 방향을 바꾸는 함수를 작성해 보시오.

단원 정리

본 단원에서는 가상 자동차 운동의 기본 함수를 소개하였습니다. 전진, 후진, 왼쪽으로 방향 바꾸기, 오른쪽으로 방향 바꾸기 등의 내용과 가상 자동차를 제자리에서 직각으로 방향 바꾸기 하는 기본 원리 및 방향 제어 방법을 학습하였습니다.

[자체 평가]

학습 내용	학습 평가		
기본 명령의 이해와 사용	☐ 매우 우수	☐ 우수	☐ 보통
가상 자동차의 전진과 후진 조종	☐ 매우 우수	☐ 우수	☐ 보통
가상 자동차의 방향 전환 조종	☐ 매우 우수	☐ 우수	☐ 보통
가상 자동차의 직각 방향 전환 조종	☐ 매우 우수	☐ 우수	☐ 보통

2.3 새로운 함수 정의

영화 〈아이언맨〉에서 아이언맨 토니 스타크는 자비스에 대해 복잡한 명령을 내릴 수 있습니다. 자비스는 명령을 받은 다음, 아이언맨을 도와 해당 작업을 실행합니다. 만약 우리가 가상 자동차에 복잡한 명령을 내리려면, 어떻게 해야 할까요?

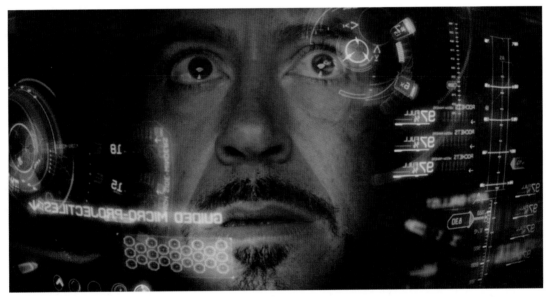

[그림 2-11] 아이언맨이 자비스에 명령을 내리는 장면(영화 〈아이언맨〉 중 한 장면)

함수 인식

탐색 및 계산을 통해 우리는 직각으로 방향을 바꾸는 방법을 알아냈습니다. 그러면 다음 사용자는 탐색과 계산 과정을 거치지 않아도 쉽게 왼쪽이나 오른쪽으로 90도 방향 바꾸기를 할 수 있습니다.

이렇게 우리는 다른 사람이 사용할 수 있는 새로운 함수를 정의할 수 있습니다. 이것을 파이썬 언어에서 함수의 정의라고 합니다.

파이썬 함수의 정의는 함수 정의 키워드, 함수 이름 및 함수 본문의 세 부분으로 구성됩니다.

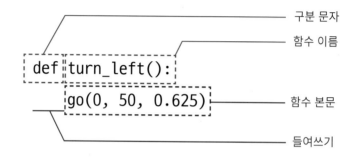

함수 정의 키워드	def
함수 이름	turn_left()
함수 본문	go(0, 50, 0.625)

함수 정의 키워드(약칭 구분문자) 'def'는 앞으로 새로운 함수를 정의한다는 것을 컴퓨터에게 알려줍니다. 함수 이름은 직접 정하고, 이름은 바르고 확실하게 지어야 쉽고 빨리 이해할 수 있습니다. 예를 들어 여기서 사용한 함수 이름 turn_left()를 보면 다른 사용자도 왼쪽으로 방향 전환을 하겠다는 의미를 파악할 수 있습니다.

함수 본문은 이러한 기능을 구현하기 위한 명령입니다. 즉 turn_left()라는 기능이 어떤 명령으로 구현되는지를 파악할 수 있습니다. 함수체 본문의 명령은 들여쓰기(띄어쓰기 4번)를 하는데, 함수 본문과 구분 문자 사이에 계단식 공간을 만듭니다. 이 공간은 함수의 일부로서 함수 본문의 모든 명령을 표시합니다.

더 나아가, 새로운 함수를 정의해서 가상 자동차가 왼쪽으로 방향을 바꾼 다음, 오른쪽으로 방향을 바꾸는 기능을 구현할 수 있습니다.

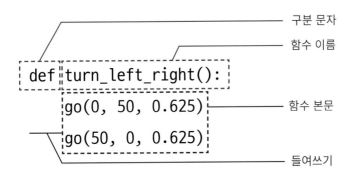

구분 문자 / 함수 이름 / 함수 본문 / 들여쓰기

```
def turn_left_right():
    go(0, 50, 0.625)
    go(50, 0, 0.625)
```

함수의 사용

우리가 함수의 정의를 완성한 다음, 동일한 기능을 사용하고 싶다면 새로운 정의의 함수를 직접 사용할 수 있습니다. 예를 들어 우리는 이미 왼쪽으로 방향 바꾸기 함수를 turn_left()로 정의했습니다. 그러므로 왼쪽으로 90도 방향 바꾸기를 구현하려면 go(0, 50, 0.625)를 대신해 직접 turn_left()로 사용할 수 있습니다.

예제

요구: 기존의 함수를 근거로 뒤로 방향 전환을 하는 함수 turn_back()을 정의하시오.

구현:

```
def turn_back():
    turn_left()   # 가상 자동차를 왼쪽으로 90도 방향 바꾸기
    turn_left()   # 가상 자동차를 또다시 왼쪽으로 90도 방향
                  바꾸기
```

53

> **연습**
>
> 1. 오른쪽으로 90도 방향을 바꾸는 명령 turn_right( )를 구현하시오.
>
> 2. 앞에서 배운 turn_left() 함수에 따라 새로운 함수를 구현하시오.
>
> def go_square():
>
>   *# 함수 본문*
>
> 이러한 함수를 사용할 때, 가상 자동차는 정사각형 궤도로 주행합니다. 가상 자동차는 정사각형의 각 변에서 60%의 견인력으로 5초 동안 주행합니다.

프로그램 흐름도

우리는 함수를 사용하여 좌회전 및 180도 회전과 같은 간단한 기능을 구현하는 방법을 배웠습니다. 그러면 좀 더 복잡한 기능은 어떻게 구현할 수 있을까요?

실제로 복잡한 작업을 수행하려면, 먼저 실행 절차, 즉 작업 흐름도를 구상해야 합니다. 예를 들어 차량을 운전하려면, [그림 2-12]와 같은 흐름도를 거쳐야 합니다.

[그림 2-12] 차량 운전 흐름도

마찬가지로 가상 자동차가 좀 더 복잡한 기능을 수행해야 할 경우
에는 흐름도를 사용하여 복잡한 과정을 몇 개의 간단한 과정으로 조합
할 수 있습니다. 예를 들어 가상 자동차에 정사각형 궤도로 주행하라
는 명령을 내린다면, 어떠한 프로그램 과정을 거쳐야 할까요?

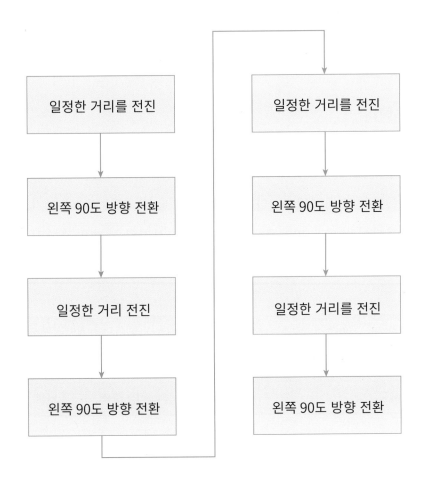

[그림 2-13]
정사각형 궤도 흐름도

우리는 정사각형 궤도를 직선과 방향 바꾸기를 사용하여 가상 자동
차에 4번 연속으로 전진과 왼쪽 90도 방향 바꾸기 명령을 실시할 수
있습니다.

> **연습**
>
> 1. 흐름도 방법을 사용하여, 가상 자동차의 삼각형 궤도 주행 과정을 서술해 보시오.
> 2. 흐름도 방법을 사용하여, 가상 자동차의 삼각형 궤도 주행 과정을 서술해 보시오.
> 3. 오각형 궤도의 과정을 새로운 함수로 적어 보시오.

단원 정리

이 단원에서는 함수의 정의와 사용에 대해 설명하였으며, 프로그램의 흐름도를 소개하였습니다. 새로운 함수를 정의하는 의미는 기본 명령의 조합이 새로운 기능을 구현하는 것과 복잡한 조작을 간단히 해서 다른 사용자가 편리하게 사용할 수 있도록 돕는 데 있습니다.

[자체 평가]

학습 내용	학습 평가		
함수의 정의와 사용	☐ 매우 우수	☐ 우수	☐ 보통
프로그램 흐름도 그리기	☐ 매우 우수	☐ 우수	☐ 보통

2.4 센서의 기본 응용

가상 자동차는 단순히 시스템이 내린 명령만 실시하는 것이 아니라, 외부의 다른 도로 상황 또는 긴급 상황에 대해 반응합니다.

가상 자동차는 스스로 주위 환경을 탐지할 수 있습니다. 예를 들어 빨간 신호등, 장애물, 목적지 등 구체적인 상황을 파악한 뒤 제어 시스템에 피드백(feedback)을 보낼 수 있습니다.

사람은 눈, 귀, 피부 등 신체 부위를 통해 시각, 청각, 촉각 등 감지 능력을 얻을 수 있습니다. 그렇다면 어떻게 로봇에게 이러한 능력을 부여할 수 있을까요?

로봇이 이러한 외부 조건을 충족하기 위해서는 부속품의 보조 역할이 필요합니다. 우리는 이러한 부속품을 센서라고 부릅니다.

이러한 측정 장치는 외부 정보들을 측정할 수 있으며, 감지된 정보들을 프로세서에서 정보를 식별하고 처리합니다. 센서는 가상 자동차의 눈과 귀가 되어 보고 듣는 역할을 하며, 외부의 접촉을 감지할 수 있습니다.

다음은 일반적으로 사용되는 센서를 소개하겠습니다.

터치 센서

[그림 2-14]
터치 센서

터치 센서는 접촉을 감지할 수 있는 신호 장치로서 간단하고 직관적인 센서입니다. 작업 원리는 집 앞에 설치한 벨처럼, 누르면 회로가 연결되면서 신호를 전달합니다.

센서의 처리는 접촉이 발생한 여부에 따라 결정됩니다. 센서가 정보를 전달하는 상황은 '있다 또는 없다' 두 가지로 구분됩니다. 프로그래밍 언어에서 '있다 또는 없다', '맞다 또는 틀리다', '옳다 또는 아니다'와 같은 데이터는 불(Boolean) 유형을 통해 처리됩니다. 파이썬에서 불 유형 데이터의 값은 참(True)과 거짓(False)입니다.

우리는 함수 get_collision( )를 사용하여 터치 센서의 상태를 얻을 수 있습니다.

여기서 함수 get_collision( )는 앞에서 소개한 함수 go와 구별되는데, 바로 실행을 완성한 뒤 한 개의 값을 반환합니다. 이를 반환값이라고 부릅니다. 이 함수는 참(True) 또는 거짓(False), 두 결과에서 하나만 반환합니다. 결과가 참(True)일 때는 접촉이 발생했다는 것을 설명하고, 거짓(False)일 때는 접촉이 발생하지 않았다는 것을 설명합니다.

> **예제**
>
> 센서의 정보를 직관적으로 얻기 위해, print문을 사용하여 정보를 출력할 수 있습니다.
>
> **프로그램 예시:**
>
> print(get_collision())
>
> 위와 같이 print문으로 True 또는 False의 데이터를 얻어 출력할 수 있습니다.

초음파 센서

[그림 2-15]
초음파 센서

물리적으로 설명하면 소리는 진동에 의해서 생성됩니다. 진동 주파수가 20Hz보다 낮은 음파는 초저음파라고 하며, 주파수가 20kHz보다 높은 음파는 초음파라고 합니다. 초음파는 주파수가 높고 파장이 작고 방향성이 좋아서, 물체 사이의 거리를 측정하는데 자주 쓰인다.

초음파는 되돌아오는 특성이 있습니다. 자연계에서 박쥐는 초음파를 발사하고 감지하는 능력으로 물체의 위치를 파악합니다.

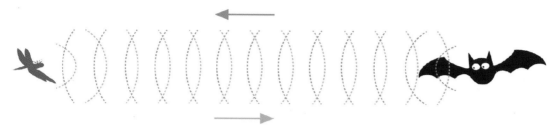

[그림 2-16] 초음파의 원리

초음파 센서도 이러한 원리로 제작되었습니다. [그림 2-16]에서 보듯이, 하나는 발사된 초음파이고, 다른 하나는 물체에 반사되어 되돌아오는 초음파인데, 초음파의 발사와 되돌아오는 시간의 간격에 의해 거리를 판단합니다.

예제

함수 get_ultrasound()를 사용하여 초음파 센서와 장애물 사이의 거리를 파악할 수 있으며, 단위는 cm입니다.

```
Print(get_ultrasound())
```

만약 프린팅한 결과가 25라면, 초음파 센서와 장애물 사이의 거리가 25cm라는 것을 의미합니다.

컬러 센서

컬러 센서는 본질적으로 광전감지기에 속합니다. 광전감지기는 광전 효과를 토대로 빛의 신호를 전자파 신호로 전환시켜 전기회로를 제어합니다. 광전감지기는 반사된 빛의 강도를 측정할 수 있으며, 물체가 비교적 어두운색일 때 반사광선의 강도가 작고, 물체가 비교적 밝은색일 때 반사광선의 강도는 큽니다.

컬러 센서는 광전감지기를 바탕으로 데이터를 정밀하게 계산하여 상응한 색을 찾아냅니다. 초음파 센서가 신호를 수신하는 방식과 같이 컬러 센서는 보통 두 개의 등이 있으며, 하나는 빛을 발사하고 다른 하나는 빛을 수신합니다.

물체 표면의 반사광선을 분석해서 물체의 색을 측정할 수 있습니다.

[그림 2-17]
컬러 센서

컬러 센서는 광전감지기에 속하므로, 우리는 두 개의 함수를 통해 다른 데이터를 얻을 수 있습니다. 함수 get_intensity()를 사용하여 반사광선의 세기에 대한 정보를 얻을 수 있습니다. 값의 범위가 0~100일 때 50 이상은 밝은색이고, 50 이하는 어두운색입니다.

예제

함수 get_ color()를 사용하여 반사광선의 색에 대한 정보를 얻을 수 있습니다. 결과는 이미 정의된 색의 영문 글자인 'red', 'green', 'blue' 등으로 나타납니다.

```
print(get_intensity())       # 반사광선의 세기를 나타낸다
# 예시 결과: 47
```

```
print(get_color())          # 반사광선의 색을 나타낸다
# 예시 결과: yellow
```

자이로스코프 센서

자이로스코프 센서는 각속도 센서라고 불리며, 방향을 감지하고 유지하는 장치입니다. 이 장치의 원리는 물체가 회전할 때, 회전축이 외부의 영향을 받지 않는다면 가리키는 방향도 변하지 않는 것입니다. 1850년, 프랑스의 물리학자 레옹 푸코는 지구 자전에 관련된 실험에서 자이로스코프(회전의)를 사용하였습니다. 그는 고속으로 회전하고 있는 자이로스코프를 지지대 위에 올려놓고, 자이로스코프의 방향으로 각속도를 계산했습니다. 그리하여 자이로스코프는 항해, 항공 분야에서 방향 측정기기의 중요한 핵심 부품이 되었습니다.

오늘날 자이로스코프는 자동차의 견인 제어 시스템, 의료기기 및 스마트폰 등 기기에 널리 사용되고 있습니다.

[그림 2-18] 자이로스코프

연습

1. 터치 센서는 어떤 조건에서 사용할 수 있는가?
   가능한 측정 결과를 적어 보시오.
2. 초음파 센서는 어떤 조건에서 사용할 수 있는가?
   가능한 측정 결과를 적어 보시오.
3. 컬러 센서는 어떤 조건에서 사용할 수 있는가?
   가능한 측정 결과를 적어 보시오.

센서를 사용하여 장애물 피하기

앞에서 우리는 센서에 대한 기본 원리를 학습했습니다. 그렇다면 어떻게 이러한 센서들을 사용하여 가상 자동차가 장애물을 피하는 기능을 구현할 수 있을까요?

상상해 봅시다. 가상 자동차가 주행할 때 여러 장애물을 만나게 됩니다. 우리는 어떻게 식별할 수 있을까요? 식별한 다음, 또 어떻게 행동해서 피해야 하는가요?

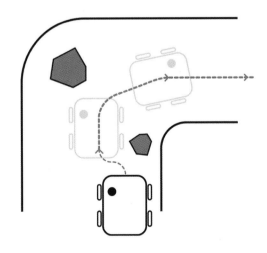

[그림 2-19]
가상 자동차의 장애물 피하기

63

[그림 2-19]와 같이 가상 자동차가 궤도를 따라 주행할 때, 두 개의 장애물을 만났습니다. 어떻게 장애물을 피해 순조롭게 길을 통과할 수 있을까요?

우리는 다음과 같이 두 가지 방법으로 작업을 실행할 수 있습니다.

방법 1: 터치 센서 사용

가상 자동차의 앞부분에 터치 센서를 장착하면, 장애물을 만날 때 터치 센서가 작동됩니다. 이때 함수 get_collision()를 사용하여 측정하면 결과는 True가 됩니다. 잠시 후 가상 자동차는 후진하여 방향을 바꾼 다음, 직진하여 장애물이 없는 방향을 찾아 다시 주행합니다.

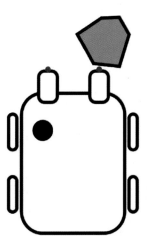

[그림 2-20]
터치 센서를 사용하여 장애물 피하기

이러한 방법은 가상 자동차가 계속해서 충돌과 회피 시도를 해야 되므로 시간이 많이 필요합니다. 그렇다면 더 좋은 방법은 없을까요?

방법 2: 초음파 센서 사용

앞에서 소개했듯이, 초음파는 물체와의 거리를 측정할 수 있습니다. 그러므로 가상 자동차 양옆에 초음파 센서를 장착하여 장애물의 방향과 위치를 측정할 수 있습니다.

가상 자동차의 우측 초음파 센서는 장애물과의 거리가 10cm라고 측정했고, 좌측 초음파 센서는 장애물과의 거리가 30cm라고 측정했습니다. 가상 자동차의 우측 정면 10cm 거리에 장애물이 있다는 것을 의미합니다. 이 장애물을 피하기 위해 가상 자동차는 미리 좌회전을 할 수 있습니다.

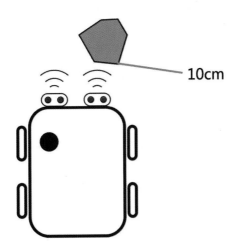

[그림 2-21]
초음파 센서를 사용하여 장애물 피하기

단원 정리

이 단원에서는 몇 가지 기본 센서의 작동 원리를 소개하였으며, 센서를 사용하여 장애물을 피하는 실험을 통해 센서의 간단한 응용을 실행하고 원리를 학습하였습니다.

[자체 평가]

학습 내용	학습 평가		
터치 센서의 원리와 사용	☐ 매우 우수	☐ 우수	☐ 보통
초음파 센서의 원리와 사용	☐ 매우 우수	☐ 우수	☐ 보통
컬러 센서의 원리와 사용	☐ 매우 우수	☐ 우수	☐ 보통
센서를 사용하여 장애물을 회피하기	☐ 매우 우수	☐ 우수	☐ 보통

2.5 if문과 조건문

[그림 2-22]는 검은 선으로 그린 동물 그림입니다. 어떤 동물인지 알 수 있나요?

[그림 2-22] 동물 윤곽선 그림

여러분은 어떻게 판단했나요? 어떤 근거로 판단했나요?

매일 생활하면서 우리는 끊임없이 판단하게 됩니다. 예를 들어 매일 집을 나설 때, 어떤 옷을 입고, 어떤 음식을 먹을지 결정합니다. 또한, 판단할 때는 이유가 존재합니다. 예를 들어 날씨가 추우면 우리는 두꺼운 옷을 선택하게 됩니다. 그러므로 이유는 판단의 조건으로 사용됩니다.

만약 가상 자동차가 다양한 도로 상황에서 최우선의 방법을 선택하려면, 판단할 수 있는 조건문을 학습해야 합니다. 판단의 조건은 가상 자동차가 주변 도로 상황에 대해 '감지'하는 것으로, 앞 장에서 학습한 센서가 측정한 데이터를 말합니다.

if문

센서가 측정한 데이터가 특정 조건을 충족하면, 가상 자동차는 해당 명령을 내립니다. 이러한 과정을 컴퓨터에서 다음과 같이 이해할 수 있습니다.

만약: 어떠한 조건을 충족한다면

그렇다면: 해당 명령을 실행한다.

이것은 간단한 조건 구조인데, 컴퓨터 언어로 전환하면 다음과 같습니다.

```
if 조건:
    명령
```

if 뒤에는 조건문이 있는데, 어떠한 요구를 충족했는지에 대한 판단 결과를 내보냅니다. 판단의 결과로는 '맞다' 또는 '틀리다' 두 가지가 있습니다. 이러한 결과는 앞에서 학습한 불 유형으로 표시할 수 있으며, 오직 True와 False의 두 가지 결과입니다. 즉 조건문의 선택을 실행할 때, 조건의 옳고 그름에 의해 결정됩니다. 만약 조건의 결과가 True라면 해당 명령을 실행하고, 아니라면 명령을 실행하지 않습니다.

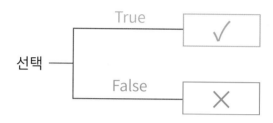

[그림 2-23]
if문의 선택

예제

가상 자동차가 빨간색을 감지하면 우회전을 하는 함수는 아래와 같은 조건문으로 구현할 수 있습니다.

```
If get_color() == "red"
    turn_right()
```

'=='과 '='

프로그램 언어에서 '='는 수학의 등호와 다른 의미로 사용됩니다.

수학에서의 '='는 '같다'라는 의미입니다. 예를 들어 1+1=2에서의 '='는 왼쪽과 오른쪽이 같다는 의미입니다. 하지만 프로그램 언어에서 '='는 값을 할당하는 것입니다. 즉 '=' 오른쪽의 값을 왼쪽에 대입한다는 뜻입니다. 예를 들어 a=10에서 a에 10이라는 값을 할당합니다.

할당 연산자 '='를 구분하기 위해, 파이썬은 비교 연산자 '=='를 사용해 연산자 양옆의 값이 같은지를 판단합니다. 예를 들어 9==10은, 9가 10과 같은 값인지를 판단하겠다는 것을 말합니다. 실행 결과는 불 유형이며, 만약 결과가 '같다'이면 True이고, 결과가 '다르다'이면 False입니다.

'==' 외에도 파이썬에서 다음과 같은 비교 연산자를 흔히 볼 수 있습니다.

프로그램 언어 중의 "="는 수학의 등호와 다른 의미입니다.

연산자	설명	예시
>	비교 연산자. 만약 왼쪽이 오른쪽보다 크다면 True를 반환하고, 아니면 False를 반환한다.	(1>2) False를 반환
<	비교 연산자. 만약 왼쪽이 오른쪽보다 작다면 True를 반환하고, 아니면 False를 반환한다.	(1<2) True를 반환
>=	비교 연산자. 만약 왼쪽이 오른쪽보다 크거나 같다면 True를 반환하고, 아니면 False를 반환한다.	(1>=2) False를 반환
<=	비교 연산자. 만약 왼쪽이 오른쪽보다 작거나 같다면 True를 반환하고, 아니면 False를 반환한다.	(1<=2) True를 반환

if/else문 – 이중 분기 구조

위의 구조와 같이 프로그램은 특정 조건에 충족될 때, 해당 명령을 실행합니다. 하지만 일상생활에서 우리는 종종 조건이 충족하는지에 따라 두 개의 다른 명령을 실행해야 하는 경우가 있는데, 이러한 경우를 이중 분기 구조라고 합니다.

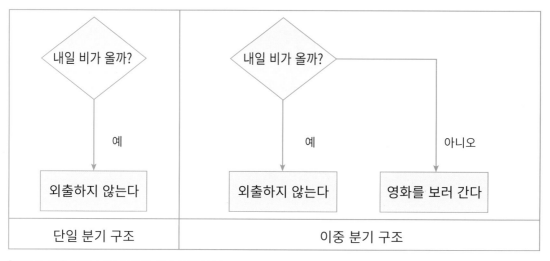

[그림 2-24] 단일 분기 구조와 이중 분기 구조

조건이 충족되지 않으면, 우리는 다른 일을 할 수 있습니다. 예를 들어 '만약 내일 비가 오면 외출하지 않고, 비가 오지 않는다면 영화를 보러 나갈 수 있다.' 이러한 경우에는 이중 분기 if문을 사용할 수 있습니다.

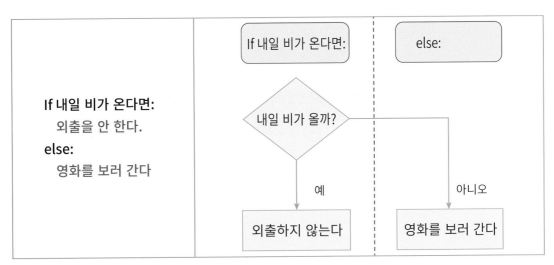

If 내일 비가 온다면:
외출을 안 한다.
else:
영화를 보러 간다

[그림 2-25] 이중 분기 구조

이중 분기 구조에는 두 가지 선택이 있으며, 둘 중 반드시 선택해야 합니다. 만약 조건의 결과가 True로 판단되면 첫 번째 분기의 명령을 실행하고, 아니라면 두 번째 분기의 명령을 실행합니다.

연습

다음과 같은 요구 사항을 프로그래밍하여 구현하시오.
가상 자동차가 빨간등 신호를 감지하면 좌회전을 실행하고, 그렇지 않으면 우회전을 실행합니다.

if/elif.../else문 – 다중 분기 구조

선택 조건이 두 개 이상이면 다음와 같은 구조를 사용합니다.

```
if 조건A:
    명령A
elif 조건B:
    명령B
elif 조건C:
    명령C
......
else:
    명령Z
```

실행 과정은 순차적으로 조건을 충족하는지 판단하는데, 조건의 결과가 True이면 해당 분기의 명령을 실행합니다. 만약 모든 조건의 결과가 False이면, 마지막 else 조건의 명령을 실행합니다.

이러한 구조는 단 한 가지 조건의 해당 명령만을 실행합니다.

예제

초음파 센서를 사용하여 함수 get_ultrasound( )에서 가상 자동차와 장애물 사이의 거리를 측정하고, distance로 할당할 수 있습니다. 만약 distance가 100cm 이상이면 'far away'로 결과가 나타나고, 거리가 50cm~100cm 사이에 있으면 'closer'로 결과가 나타나며, 거리가 50cm 미만일 경우에는 'nearby'로 결과가 나타납니다.

```
distance = get_ultrasound()
if distance > 100:
    print("far away")
elif 50 <= distance <= 100:
    print("closer")
else:
    print("nearby")
```

생각과 토론

앞의 예제에서 마지막 분기에 'distance < 50'이라는 조건이 없습니다. 언
제나 정확한 결과를 얻을 수 있을까요? 그렇다면 그 이유는 무엇입니까?

복잡한 조건의 논리 조합

실제로 많은 조건의 판단이 쉬운 편이 아닙니다. 예를 들어 우리가 쇼핑할 때는
여러 집을 비교하면서 가성비가 좋은 집을 선택하고 싶을 것입니다. 또 우리가 여
행을 갈 때는 날씨가 좋고 관광객이 적은 곳을 선택하고 싶을 것입니다.

따라서 우리는 여러 가지 조건을 조합하여 더 복잡한 조건을 표현할 수 있습니
다. 조건부 조합의 연산을 논리 연산이라고 합니다. P파이썬의 논리 연산 기호는
and, or 그리고 not가 있습니다.

and는 '동시에'라는 의미로서, 두 가지 조건이 동시에 충족해야 합니다.

or는 '또는'이라는 의미이며, 두 가지 조건 중 하나만 충족하면 됩니다.

not은 '아니다'라는 의미로서, 한 조건의 반대를 뜻합니다.

앞의 예제에서 조건 50 <= distance <= 100은 다음과 같이 쓸 수 있습니다.

distance >= 50 and distance <= 100

두 조건의 조합 결과는 [표 2-1]과 같습니다.

73

[표 2-1] 두 가지 조건 논리 연산의 결과

조건 A	조건 B	A and B	A or B	not A	not B
True	True	True	True	False	False
True	False	False	True	False	True
False	True	False	True	True	False
False	False	False	False	True	True

연습

프로그램 조건문을 사용하여 다음와 같이 실행해 보시오.

1. 터치 센서를 장착한 가상 자동차가 정지한 상태일 때, 터치 센서를 누르면 가상 자동차는 50%의 견인력으로 5초 동안 후진한다.

2. 초음파 센서를 장착한 가상 자동차가 장애물과의 거리가 20cm보다 가까워지면 직진을 멈춘다.

3. 컬러 센서를 장착한 가상 자동차가 정지한 상태일 때, 초록색 신호등을 감지하면 80%의 견인력으로 3초 동안 직진한다.

단원 정리

이 단원에서는 프로그램의 분기 구조와 조건을 판단하는 방법을 소개하고, 앞에서 배운 센서를 사용해 실제 응용과 연습을 실행하였습니다.

[자체 평가]

학습 내용	학습 평가		
if 문 – 단일 분기 구조	☐ 매우 우수	☐ 우수	☐ 보통
if/else문 – 이중 분기 구조	☐ 매우 우수	☐ 우수	☐ 보통
if/elif/...else문 – 다중 분기 구조	☐ 매우 우수	☐ 우수	☐ 보통

2.6 순환 구조

사람들은 반복적이고 효율이 낮은 일을 하는 것을 선호하지 않습니다. 그래서 기계를 발명하여 생산 활동 중의 효율이 낮은 행위를 대체하였습니다.

앞에서 우리는 정방향 궤도를 주행하는 함수를 정의했는데, 아래와 같은 방법으로 구현할 수 있습니다.

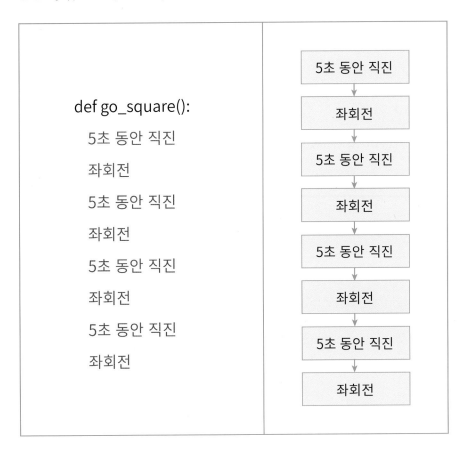

위와 같이 절차에 따라 순차적으로 실행하는 구조를 순차 구조라고 합니다.

이러한 구조에서 우리는 5초 직진 명령과 좌회전 명령이 4번 반복된 것을 볼 수 있습니다. 이러한 반복되는 내용을 4번이나 적는 것은 매우 번거롭기 때문에, 다음과 같은 구조를 사용해 명령의 효율을 높일 수 있습니다.

프로그래밍 언어의 세계에서는 위와 같은 반복하는 구조를 순환 구조라고 부릅니다.

순환 구조

순환 구조는 프로그램에서 특정 기능을 반복적으로 실행하기 위해 사용하는 프로그램 구조입니다. 순환의 조건은 어떠한 기능을 실행할 것인지 아니면 순환에서 벗어날 것인지에 대해 판단합니다. 판단 조건의 위치에 따라 순환 구조는 아래와 같은 두 가지 형식으로 나뉘는데, 먼저 판단하고 실행하는 순환 구조와 먼저 실시하고 판단하는 순환 구조입니다.

순환하는 과정에서 우리는 쉽게 순환의 횟수를 조절할 수 있습니다.

( )번 반복:

   특정 명령을 실행

다음은 순환 구조를 표현하는 구문을 학습하겠습니다.

for문

for 단어를 직접 번역하면 '…에 대해'라는 뜻입니다. 우리는 어떠한 특정 순환 본문을 여러 번 반복해서 실행하는 것으로 이해할 수 있습니다. 앞의 사각형 작업 설명은 다음과 같은 순환 구조로 기술할 수 있습니다.

순환 본문을 4번 실시:

5초 동안 직진

좌회전

for문은 주로 순환 횟수와 순환 본문의 두 부분으로 구분됩니다.

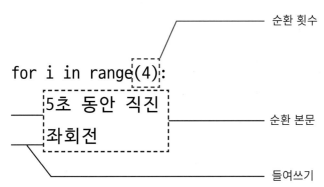

예제

프로그램 예시:

```
for i in range(4):
    go(60, 60, 5)
    turn_left()
```

이와 같이 실행하면, '5초 동안 직진'과 '좌회전'을 4회 반복할 수 있습니다.

range( )에 대한 이해

위의 예제와 같이 range(4)는 네 번의 반복을 의미하지만, 이것은 수를 세는 과정에서 얻는 1, 2, 3, 4를 의미하지는 않습니다.

파이썬에서 range는 시작 위치, 매회 변화 및 종료 위치에 대한 정보를 바탕으로 일련의 정수를 생성할 수 있습니다. 이 세 종류의 정보에 대해 range 함수는 1~3개의 매개변수를 가질 수 있으며 사용 방법은 다음과 같습니다.

매개변수가 한 개인 경우:

예: range(5)

생성: 0, 1, 2, 3, 4

설명: 0에서 시작해서 5에서 끝나지만, 5를 포함하지 않는 일련의 정수를 나타내며, 기본적으로 1을 더합니다.

매개변수가 두 개인 경우:

예: range(1, 5)

생성: 1, 2, 3, 4

설명: 1에서 시작해서 5에서 끝나지만, 5를 포함하지 않는 일련의 정수를 나타내며, 기본적으로 1을 더합니다.

매개변수가 세 개인 경우:

예: range(1, 10, 2)

생성: 1, 3, 5, 7, 9

설명: 1에서 시작해서 10에서 끝나지만, 10을 포함하지 않는 일련의 정수를 나타내며, 2를 더합니다. 따라서 range(4)가 실제로 생성하는 숫자는 0, 1, 2, 3이지만 세어 보면 여전히 4개이므로 네 번 반복합니다.

연습

가상 자동차가 50%의 견인력으로 10초 동안 직진한 뒤, 3초 동안 정지한 다음, 다시 50%의 견인력으로 10초 동안 후진을 하게 되면, 이러한 주행은 '정지를 포함한 왕복'이라고 말할 수 있습니다. for 순환 구조를 사용하여 '정지를 포함한 왕복'을 5번 실행해 보시오.

while문

for문에서 우리는 순환 반복 횟수를 정하고 순환 본문을 여러 번 실행했습니다. 이러한 순환 방법은 순환 횟수를 알고 있는 경우에만 적용할 수 있습니다. 만약 순환 본문의 횟수를 모르는 경우에는 어떻게 해야 할까요? 이러한 경우에는 while 순환 구조를 사용할 수 있습니다.

파이썬에서 while 구조는 순환 구조의 기본입니다. while의 의미는 '…일 때'입니다. while 구조에서 순환에 들어가는 여부는 경계 조건이 충족되는지에 따라 결정됩니다.

경계 조건이 충족되면 순환이 시작되고, 그렇지 않으면 순환이 종료됩니다.

만약 이 구문을 사용하면, 우리는 앞의 정사각형 궤도로 움직이는 for 순환 구조를 다음과 같이 기술할 수 있습니다.

횟수가 4를 초과하지 않은 경우>:

　　5초 동안 직진

　　좌회전

while 순환 구조는 경계 조건과 순환 본문, 두 가지로 구성되어 있습니다.

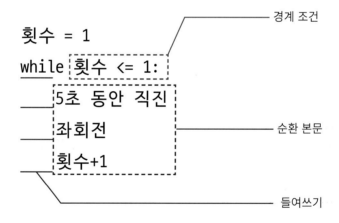

경계 조건	횟수 <= 4
순환체	5초 동안 직진, 좌회전

순환 본문은 순환 구조에서 반복 실행해야 하는 구문을 말하며, 경계 조건은 순환의 종결을 결정합니다. 이러한 경계 조건이 충족되면

순환 본문은 반복적으로 실행되며 경계 조건이 충족되지 않으면 순환을 멈춥니다.

이러한 구조에서는 순환 횟수를 기록하는 카운터가 필요합니다.

순환 기록에는 카운터의 시작 위치, 횟수, 종료 시기 등 세 가지 정보를 포함하고 있습니다.

예제

예를 들어 1부터 시작해서 매번 1을 더하고 4에서 끝난다고 하면, 네 번을 세어 본 셈이다.

```
counter = 1              # 카운터는 1에서 시작한다
while counter <= 4:      # 4를 초과하면 순환을 멈춘다
    go(60, 60, 5)        # 5초 동안 직진한다
    turn_left()          # 좌회전
    counter+= 1          # 매번 실행이 끝나면 1을 더한다
```

0부터 시작하는 경우

프로그래밍 언어에서 카운터 또는 일련번호는 보통 0에서 시작합니다. 따라서 앞에서 설명한 순환 구조는 다음과 같이 작성합니다.

```
counter = 0
while counter < 4:
    go(60, 60, 5)
    turn_left()
    counter+= 1
```

그렇다면 counter 〈= 4를 counter 〈 4로 바꿔도 되는 이유는 무엇일까요?

연습

가상 자동차가 50%의 견인력으로 10초 동안 직진한 뒤, 또 50%의 견인력으로 10초 동안 후진한다. 이러한 주행을 '왕복'이라고 말할 수 있다. while 순환 구조로 '왕복'을 5번 실행해 보시오.

단원 정리

이 단원에서는 프로그램의 순서 구조와 순환 구조를 소개하였으며, 프로그램 흐름도를 사용하여 프로그램의 반복 작업 원리를 설명하였습니다. 또한, for문과 while문을 소개하여 가상 자동차의 순환을 구현하는 기초를 학습하였습니다.

[자체 평가]

학습 내용	학습 평가		
for문 구조의 기본 응용	☐ 매우 우수	☐ 우수	☐ 보통
while문 구조의 기본 응용	☐ 매우 우수	☐ 우수	☐ 보통

2.7 가상 자동차의 궤도 주행 원리

장난감 자동차가 트랙(경주로)을 주행할 때 앞으로 나가기 위해서는 마력을 증가하기만 하면 되며, 방향 전환은 트랙의 경계 표시(칸막이, 배플, 덧문)에 의해 제어됩니다. 만약 우리의 가상 자동차가 정해진 궤도를 따라 경계가 없는 트랙을 달리게 된다면 어떻게 될까요?

이때 가상 자동차는 경주로를 자세히 '관찰'하고 나아갈 방향을 '생각'해야 합니다. 이 과정에서 가상 자동차는 집중하여 경주로를 관찰하면서 방향에 착오가 없도록 조금이라도 궤도를 이탈하면 곧바로 방향을 바꿔야 합니다.

우리는 이러한 가상 자동차를 순환 궤도 가상 자동차라고 부릅니다. 이 가상 자동차는 주행하는 과정에서 반복적으로 조건을 판단하면서 적합한 조치를 해야 합니다.

이 단원에서는 이와 관련된 원리를 학습하고, 가상 자동차의 이러한 기능을 실행해 보겠습니다.

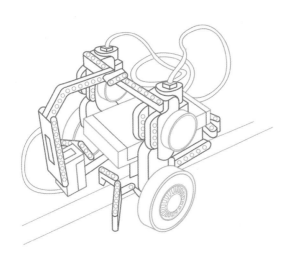

[그림 2-26]
궤도 주행 자동차

선을 따라가는 가상 자동차의 원리

여기에서 우리는 두 개의 광전 센서를 사용하여 선을 따라가는 가상 자동차의 원리에 대해 설명하고 시연해 보도록 합니다. 우리는 바닥에 검은색 선으로 미니멀 차가 주행해야 할 궤도를 표시하고, 자동차의 앞부분 왼쪽과 오른쪽에 아래로 향하는 광전 센서를 설치하여 지상에서 반사하는 빛의 세기를 측정합니다.

이렇게 하면 검은색 선 위의 가상 자동차는 다음과 같은 몇 가지 상태로 나타나게 됩니다.

정중앙 주행　　　　　오른쪽으로 치우친 주행　　　　　왼쪽으로 치우친 주행

[그림 2-27] 선을 따라가는 가상 자동차의 원리

검은색 선이 두 개의 광전 센서 사이에 있으면, 가상 자동차는 선의 정중앙에 위치해 있으므로, 가상 자동차는 직진하면 됩니다. 만약 왼쪽 센서가 선에 닿으면 가상 자동차가 오른쪽으로 치우쳤다는 것으로, 가상 자동차를 왼쪽으로 조금 움직여야 합니다. 마찬가지로 오른쪽의 센서가 선에 닿으면 가상 자동차가 왼쪽으로 치우쳤다는 것으로, 가상

자동차를 오른쪽으로 조금 움직여야 합니다. 이런 상황을 조건문으로
다음과 같이 적을 수 있습니다.

    if 가상 자동차가 정중앙으로 주행:

        직진한다

    elif 가상 자동차가 오른쪽으로 치우쳤을 경우:

        왼쪽으로 방향을 조정한다

    elif 가상 자동차가 왼쪽으로 치우쳤을 경우:

        오른쪽으로 방향을 조정한다

    else:

        판단할 수 없으므로 정지한다

프로그램 구현의 원리

그렇다면 센서가 선을 밟았는지 어떻게 판단할까요? 두 센서가 모
두 선을 밟지 않은 경우 두 센서는 모두 흰색 구역 위에 있으며, 많은
양의 빛을 받을 수 있습니다. 가상 자동차가 오른쪽으로 기울어지면
왼쪽 센서는 빛을 적게, 반면에 오른쪽 센서는 빛을 많이 받게 됩니다.
가상 자동차가 왼쪽으로 치우쳐 있으면 오른쪽 센서는 빛을 적게 받
고, 왼쪽 센서는 빛을 많이 받게 됩니다. 이러한 방식으로 센서의 신호
에 따라 바로 주행 방향을 조정할 수 있습니다.

하지만 센서는 빛의 세기를 직접적으로 우리에게 알려주지는 않습
니다. 우리는 빛의 많고 적음의 범위를 정의해야 합니다. 센서에서 빛

의 세기 범위가 0~100단계라고 가정하면, 0은 센서의 아랫부분이 모두 검은색 영역이라는 것을 알 수 있고, 100은 센서의 아랫부분이 모두 흰색 영역이라는 것을 알 수 있습니다. 우리는 감지된 센서 범위의 수치가 클 때는 빛을 '대량'으로 인식하고, 작을 때는 '소량'으로 인식하는 값을 정합니다.

예제

우리는 50을 기준으로 좌측 센서의 값을 left에 할당하고, 우측 센서의 값을 right에 할당하는 조건문을 다음과 같이 적을 수 있습니다.

```
if left >= 50 and right >= 50
    # 좌우 양측의 센서가 빛의 값을 50 이상으로 감지한 경우
    go(50, 50, __)                # 직진
elif left < 50 and right >= 50
    # 좌측의 센서가 빛의 값을 50 이하로 감지한 경우
    go(50, 60, __)                # 좌회전
elif left >= 50 and right < 50
    # 우측의 센서가 빛의 값을 50 이하로 감지한 경우
    go(60, 50, __)                # 우회전
else:
    go(0, 0, 0)                   # 다른 상황이면 정지한다
```

순환 구조의 응용

앞에서 우리는 가상 자동차가 선 위에서 주행하는 방법을 학습하였으며, 프로그램 구문을 사용하여 이러한 원리를 구현해 보았습니다.

그러나 위의 예제에서 모든 go 함수에 시간 매개변수가 누락되어 있으므로, 가상 자동차가 선을 따라가는 문제를 완전히 해결할 수 없습니다. 모든 go 함수의 시간을 3초로 설정한다면, 가상 자동차가 선을 따라 움직이는 원리를 다음과 같이 설명할 수 있습니다.

    if 가상 자동차가 정중앙에 있으면:

        3초 동안 직진한다
    elif 가상 자동차가 오른쪽으로 치우쳤으면:

        왼쪽으로 3초 동안 이동한다
    elif 가상 자동차가 왼쪽으로 치우쳤으면:

        오른쪽으로 3초 동안 이동한다
    else:

        멈춘다

상황1: 반복적으로 판단하거나 중복 판단하는 경우

가상 자동차가 정중앙에 있다고 가정하고 조건을 정확하게 판단한 후, 첫 번째 분기를 실행하여 3초 동안 직진하면 프로그램이 종료됩니다. 이 경우에 가상 자동차는 3초 동안만 주행하고 단 한 번만 판단합니다.

따라서 가상 자동차가 직진한 후 다음 판단을 진행하고, 그런 다음 요구 사항에 따라 다시 주행한 다음 판단을 진행하는, 계속 반복하는 구조를 찾을 수 있습니다.

계속 반복:

    if 가상 자동차가 정중앙에 있으면:

        3초 동안 직진한다

    elif 가상 자동차가 오른쪽으로 치우쳤으면:

        왼쪽으로 3초 동안 이동한다

    elif 가상 자동차가 왼쪽으로 치우쳤으면:

        오른쪽으로 3초 동안 이동한다

    else:

        주행을 멈추고, 반복을 계속하지 않는다

순환 횟수를 제한하지 않았으므로 우리는 while True 구문을 사용하여 구현할 수 있습니다. 돌발 상황에서 합리적으로 순환 구조를 멈추기 위해 우리는 break문을 사용할 수 있습니다.

예제

예를 들면 앞에서 설명한 구조는 다음과 같이 적을 수 있습니다.

```
while True:
    if left >= 50 and right >= 50:
        go(50, 50, 3)
    elif left < 50 and right >= 50:
        go(50, 60, 3)
    elif left >= 50 and right <= 50:
        go(60, 50, 3)
    else:
      break
```

상황 2: 시간의 제어가 필요한 경우

앞에서 설명한 예제의 두 번째 분기는 선을 따라가는 가상 자동차가 오른쪽으로 치우쳤다고 판단하여 왼쪽으로 3초간 이동한 다음 판단을 실행합니다. 그러나 이때 가상 자동차가 검은색 선에서 너무 멀어졌다면 양쪽에서 모두 검은색이 감지되지 않으므로 첫 번째 분기를 실행하고 직진하게 되어 점차 정해진 선에서 멀어지게 됩니다.

상황 1과 같이 가상 자동차가 3초마다 판단하고 진행하면 시간이 너무 길어서 정해진 궤도를 크게 벗어나게 됩니다.

따라서 매번 판단하고 진행하는 시간을 줄일 필요가 있습니다. 그러나 시간을 매우 작게 설정하면 순환 횟수가 크게 증가할 수 있습니다.

예제

선을 따라가는 기능에 영향을 주지 않는다면, 매번 주행하는 시간을 0.1초로 설정합니다.

```
while True:
    if left >= 50 and right >= 50:
        go(50, 50, 0.1)
    elif left < 50 and right >= 50:
        go(50, 60, 0.1)
    elif left >= 50 and right <= 50:
        go(60, 50, 0.1)
    else:
        break
```

89

이처럼 우리는 선을 따라 주행하는 가상 자동차의 기능을 구현할 수 있습니다. 선을 따라 주행하는 순환 과정은 가상 자동차가 궤도에서 '빨리 달리면서 끊임없이 판단하는' 과정입니다.

단원 정리

이 단원에서는 앞서 배운 것들을 종합해서 응용하였습니다. 선을 따라가는 가상 자동차의 예를 들어 제2장에서 소개한 센서의 사용, 조건 구조, 순환 구조 등 지식을 학습하였습니다.

[자체 평가]

학습 내용	학습 평가		
선을 따라가는 가상 자동차의 원리	☐ 매우 우수	☐ 우수	☐ 보통
원리에 따라 명령 구현	☐ 매우 우수	☐ 우수	☐ 보통
순환 구조의 응용	☐ 매우 우수	☐ 우수	☐ 보통

이 장의 요약

이 장에서는 인공지능을 배경으로 파이썬 기초 지식을 바탕으로 여러 구문을 사용해 가상 자동차의 기본적인 조종, 직진, 방향 전환, 파이썬의 순서, 분기 구조와 순환 구조를 학습하였습니다. 또 가상 자동차의 장애물 피하기, 순환 궤도 등을 통해 기초 지식에 대한 이해를 높였으며 과학적인 탐구와 문제 해결 능력을 배양하였습니다.

제3장 머신 비전 개요

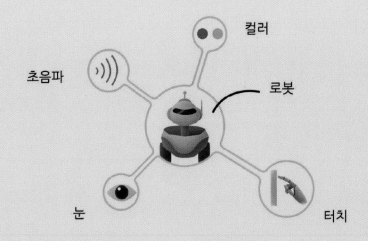

컬러

초음파

로봇

눈

터치

로봇 혹은 로봇 자동차의 제어에서 외부의 원격 조종 없이 특정 작업을 완성하기를 바랍니다. 예를 들어 사람을 도와 일상생활의 일들을 말하는데, 집에서 바닥 청소를 하거나, 병원에서 약품을 운반하거나, 운동장에서 공을 줍는다거나 등등이 있습니다. 실내와 실외를 가리지 않고 실제적인 응용 장소에서는 모두 기본적인 요구가 있습니다. 바로 로봇이 명령을 실행하는 과정에서 자신의 위치를 아는 것입니다. 예를 들어 청소하는 로봇은 자신이 어떤 방에, 어떤 위치에 있는지를 알아야 정확한 경로로 움직일 수 있습니다. 또 자율 주행 자동차는 자신이 위치한 도로를 정확히 파악해야 합니다. 로봇이 자신의 위치를 정확히 파악하는 기능이 바로 위치 인식 기능입니다.

- 머신 비전(Machine Vision): 기계에 인간이 가지고 있는 시각과 판단 기능을 부여해 사람이 인지하고 판단하는 기능을 구현한 기술
- 3장에서는 다중 센서를 사용하여 머신 비전의 개요를 파악한다.

[그림 3-1] 자율 주행 자동차

이 장에서는 간단한 위치 인식 작업을 하며 위치 인식 문제의 기초를 탐구합니다. 직선으로 주행하는 가상 자동차의 위치 인식 문제를 해결하기 위해 다른 방법을 사용합니다. 그리고 다중 센서를 이용한 위치 인식 방법을 적용하여 위치 인식의 정확도를 높이게 됩니다.

3.1 로봇의 위치와 좌표의 표시

로봇이 위치를 인식하는 방법에는 여러 가지가 있습니다. 실외에서는 GPS 시스템을 사용하여 스마트폰 기지국의 신호를 통해 위치를 추적할 수 있으며, 자율 주행 자동차와 같은 로봇도 GPS 센서를 이용할 수 있는데, 광선 레이더와 결합하여 위치를 인식할 수 있습니다. 실내는 보다 정확한 위치 인식이 필요합니다. 1m의 오차는 실외의 내비게이션에 큰 영향을 주지 않지만, 실내에서는 큰 영향을 줍니다. 이 외 위치 인식에 대한 요구되는 바가 다르기 때문에 쓰이는 기술도 다양합니다.

초기의 바닥 청소 로봇은 처음에는 실내 위치 인식 기술을 도입하지 않았습니다. 로봇이 물체와 충돌하면 이동 경로를 바꾸었기 때문에 지능적이지 않고 청소의 효율도 높지 않았습니다. 그 후 레이저 레이더, 카메라 센서 등의 기술을 도입함으로써 로봇은 지형을 감지하고 이동 중에 지형을 기록하여 청소 경로를 더욱 합리적으로 정할 수 있게 되었습니다. 위치 인식 기능이 있는 로봇이 더욱 지능적이어서 여기저기서 벽에 부딪히는 충돌형 로봇을 대신에 빠르게 시장을 점유하고 있습니다.

[그림 3-2]
청소 로봇의 위치 인식

먼저 가상 자동차에 그 어떤 센서도 없다고 가정해 봅시다. 사람이 눈을 가리고 길을 걸을 때, 걷는 동작으로 대개 자신이 걸은 거리를 추정할 수 있습니다. 1차원의 위치 인식 문제에서도 유사한 방법으로 가상 자동차의 주행 거리를 계산할 수 있습니다. 먼저 속도와 거리의 관계부터 알아보도록 합니다.

속도와 거리

우리는, 거리는 속도와 시간을 곱한 값이라는 것을 알고 있습니다.
거리 = 속도 × 시간

위 공식을 보면, 속도는 물체의 움직임의 빠르고 늦음의 정도에 대한 물리량이라는 것을 알 수 있습니다. 그 의미는 단위 시간내에 물체가 이동하는 거리를 말합니다. 속도가 변하지 않으면, 물체의 이동 거리와 운동의 시간은 정비례의 관계를 갖습니다. 물리적으로 속도가 변하지 않으면서 직선을 따라 운동하는 것을 등속 직선 운동이라 합니다.

우리는 이러한 공식을 사용하여 가상 자동차의 위치를 측정할 수 있습니다. 하지만 이러한 예측에는 중요한 전제 조건이 있습니다. 바로 가상 자동차의 속도가 변하지 않는 것입니다. 즉 가상 자동차의 움직임 상태를 관찰할 때마다 100m/분의 속도로 주행해야 합니다.

평균 속도

실제로 가상 자동차를 일정한 속도로 주행하게 하려면 어느 정도 어려움이 따릅니다. 가상 자동차가 도로에서 달릴 때 빠른 속도로 주행하다가 배터리가 거의 닳아서 속도가 느려진다고 가정해 봅시다. 가상 자동차는 1,500m의 거리를 주행했지만, 모두 15분의 시간을 사용했습니다.

이러한 경우에 우리는 어느 순간의 가상 자동차 속도를 정확히 알 수 없지만 계산을 통해 평균 속도를 측정할 수 있습니다.

평균 속도 = 이동 거리 ÷ 걸린 시간

가상 자동차의 주행 속도가 변할지라도 우리는 평균 속도로 어느 순간의 자동차와 시작점과의 거리를 측정할 수 있습니다. 즉 가상 자동차에 대해 위치 인식을 할 수 있습니다.

연습

1. 가상 자동차가 처음 10초 동안 4m를 주행한 다음 0.5m/초의 속도로 10초 동안 주행한 뒤, 또 10초 동안 6m를 주행했다면 속도와 거리의 공식을 사용하여 가상 자동차의 평균 속도를 계산하시오.
2. A와 B 사이의 거리는 120m이고, 1호 가상 자동차는 A 지점에서 B 지점까지 이동에 걸린 시간은 120초이고, 2호 가상 자동차는 60초였다. 지금 1호 가상 자동차가 A 지점에서 B 지점으로 주행하고, 2호 가상 자동차가 동시에 B 지점에서 A 지점으로 주행한다면, 두 자동차가 만나는 데 필요한 시간을 계산하시오.

위치 예측

우리는 가상 자동차의 평균 속도를 알고 있으면, 가상 자동차가 특정 지점을 출발 후 어느 시점에서든 위치를 예측할 수 있습니다.

연습
우리는 이미 가상 자동차의 평균 속도 v를 계산했으며, 이 평균 속도를 통해 가상 자동차가 일정한 시간 내에 주행한 거리를 알 수 있습니다. 가상 자동차가 0.5m/초의 고정된 속도로 직선을 향해 주행한다면, 가상 자동차의 주행 거리와 시간의 관계를 설명해 보시오.

평면 직각 좌표계

우리는 공식을 사용해 가상 자동차의 운동 시간과 위치를 설명할 수 있습니다. 또한, 좌표계를 사용해서 더 직관적으로 가상 자동차의 위치 인식을 설명할 수 있습니다.

평면 직각좌표계
서로 수직으로 교차하는 직선 좌표축을 기준으로 점이나 벡터의 좌표를 표시하는 좌표계를 직각 좌표계(Rectangular Coordinates)라고 합니다. 보통 두 개의 좌표축은 각각 수평과 수직의 위치해 있는데, 오른쪽 위의 부분은 두 좌표축의 정방향입니다. 수평 좌표축은 x축(x-axis) 혹은 가로축이라고 불리고, 수직 좌표축은 y축(y-axis) 혹은 세로축이라고 합니다. x축과 y축을 좌표축이라 하며, 공통 원점인 0은 직각 좌표계의 원점(origin)이라 합니다. 원점이 0인 직각 좌표계를 평면 직각 좌표계 x0y라고 합니다.

우리가 가로축에 시간 t를 표시하고 세로축에 거리 S를 표시한다면, 좌표계 위의 점(t, S)은 가상 자동차가 어느 시점에 주행한 거리를 의미합니다. 예를 들어 가상 자동차가 출발한 다음 $1s$가 되었을 때 주행한 거리가 $1m$라면, 점$(1s, 1m)$은 가상 자동차의 직각 좌표계에서의 위치는 [그림 3-3]에서의 적색 점입니다.

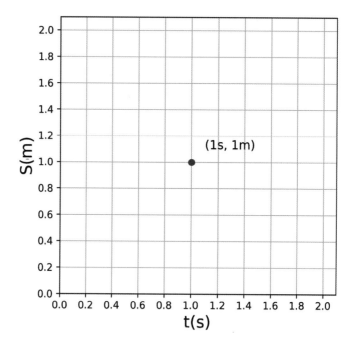

[그림 3-3]
가상 자동차가 1s
동안 주행한 거리

단원 정리

이 단원에서 우리는 주로 평균 속도에 대한 개념과 좌표계에서 가상 자동차의 위치 표시 방법을 학습하였습니다. 또한, 좌표계에서 가상 자동차가 주행한 거리를 표시하는 방법에 대해 알아보았습니다. 이어서 좌표계에서 가상 자동차가 주행한 과정에 대해 알아보겠습니다.

[자체 평가]

학습 내용	학습 평가		
위치 인신에 대한 이해	☐ 매우 우수	☐ 우수	☐ 보통
속도와 평균 속도의 의미	☐ 매우 우수	☐ 우수	☐ 보통
평균 속도를 이용한 거리 계산	☐ 매우 우수	☐ 우수	☐ 보통
평면 직각 좌표계	☐ 매우 우수	☐ 우수	☐ 보통

3.2 오차는 어떻게 생긴 것일까

앞의 연습에서 우리는 예측한 데이터와 실제로 측정한 거리가 완전히 같지 않다는 것을 알았습니다. 이것은 계산 착오일까요? 당연히 아닙니다. 이러한 결과는 오차가 가져온 것입니다. 여기서 주의해야 할 점은 오차는 착오가 아니라 실제 측정 과정에서 생기는 정상적인 편차입니다.

오차는 어떠한 방법으로 물리적 양을 측정하여 얻은 값과 실제값의 차이를 말합니다. 예를 들어 어떤 학생의 실제 키가 1.71m이고 선생님이 측정 기구로 측정한 키가 1.75m라면, 오차는 0.04m입니다.

오차의 예측

여기서 우리는 다음과 같이 오차라는 개념을 설명할 수 있습니다.

평균 속도 계산법으로는 가상 자동차의 주행한 거리를 정확히 예측할 수 없습니다. 평균 속도를 계산할 때, 매번 줄자를 사용해 측정한 가상 자동차의 주행 거리에도 편차가 있습니다.

또 매번 실험에서 가상 자동차가 주행한 속도가 똑같다는 보장이 없습니다. 왜냐하면, 가상 자동차의 속도에 영향을 주는 요소에는 여러 가지가 있기 때문입니다. 예를 들어 가상 자동차의 무게가 클수록 속도가 느립니다.

또 바퀴의 상태, 즉 바퀴의 경도, 바퀴 표면의 매끈한 정도 등 요소도 가상 자동차의 속도에 적잖게 영향을 줍니다. 이 외에도 지면의 평탄한 정도 및 지면의 경사도, 지면의 상태도 가상 자동차의 속도에 영향을 줍니다. 전압의 상태도 속도에 영향을 줍니다.

이렇게 많은 요소가 가상 자동차가 주행하는 속도에 영향을 주므로, 평균 속도로 가상 자동차의 주행 거리를 측정하는 방법은 어느 정도의 오차를 감안해야 합니다.

연습

자동차 A가 10m/초의 속도로 직선 방향으로 30초 동안 주행하였다. 동시에 자동차 B가 30초 동안 주행하였는데, 처음 10초 동안의 속도가 1.2m/초이고, 중간 10초 동안의 속도가 0.6m/초이며, 마지막 10초 동안의 속도가 1.2m/초라면, 직각 좌표계에 가상 자동차의 10초, 20초, 30초 주행할 때의 위치를 각각 표시해 보시오.
그리고 이 세 개 시점에서 두 자동차의 거리 차이를 계산해 보시오.

오차의 표시

측정한 데이터를 참고하면 매 시점 예측한 이동 거리와 실제 측정 값 사이에는 어느 정도 차이가 있습니다.

이러한 예측값 전체의 오차를 어떻게 표시해야 할까요?

실제 이동 거리가 1m라고 가정하면, 예측한 두 개의 데이터는 각각 0.9m와 1.1m이며, 첫 번째 데이터의 오차는 0.1m이고, 두번째 데이터의 오차도 0.1m입니다.

이 경우 평균 오차는 아래와 같습니다.

$(0.1 + 0.1) \div 2 = 0.1m$

만약 예측값과 실제 측정값을 있는 그대로 계산하면, 다음와 같습니다.

$(-0.1 + 0.1) \div 2 = 0.1m$

이러한 계산은 오차가 없다는 결과를 나타내는데, 실제의 편차를 반영할 수 없습니다. 그러므로 우리는 더 합리적인 계산 방법으로 편차에서 생기는 문제를 극복해야 합니다. 다음에서 우리는 평균 절대 오차와 평균 제공 오차에 대해 학습할 것입니다.

평균 절대 오차는 절댓값에 의해 정의됩니다.

오차$_1$= $|s_1 - s_1'|$

오차$_2$= $|s_2 - s_2'|$

$$오차_3 = |s_3 - s_3'|$$

$$\cdots$$

$$오차_4 = |s_n - s_n'|$$

$$평균\ 오차 = (오차_1 + 오차_2 + \cdots + 오차_n)\ /\ n$$

예제

영희의 실제 키는 1.68m입니다. 4곳의 병원에서 측정한 키가 각각 1.69m, 1.67m, 1.70m, 1.68m인 경우, 평균 오차를 구하시오.

$$오차_1 = |1.68 - 1.69| = 0.01$$
$$오차_2 = |1.68 - 1.67| = 0.01$$
$$오차_3 = |1.68 - 1.70| = 0.02$$
$$오차_4 = |1.68 - 1.68| = 0$$
$$평균\ 오차 = (오차_1 + 오차_2 + \cdots + 오차_4)/4$$
$$= (0.01 + 0.01 + 0.02 + 0)/4$$
$$= 0.01$$

수학에서 부호 Σ는 총합을 말하는데, 위의 공식은 다음과 같습니다.

$$평균\ 오차 = \frac{\Sigma_n\ 오차_n}{n}$$

여기서 평균 오차는 오차 절댓값의 평균값이며, 이 숫자는 전체적인 오차의 크기를 말합니다.

평균 제곱근의 오차는 오차의 제곱을 기준으로 계산합니다. 다음 공식과 같이, 평균 제곱근의 오차는 모든 오차의 제곱 평균값에 대한 제곱근을 말합니다.

$$오차 = \sqrt{\frac{\Sigma_n \ 오차_n^2}{n}}$$

오차를 줄이는 방법

오차는 피할 수 없지만 줄일 수는 있습니다. 적절한 측정 방법을 사용하면 오차를 줄이고 보다 정확한 결과를 얻을 수 있습니다.

더 정밀한 측정기구를 사용하는 외에, 여러 번 측정하여 평균값을 구하는 것도 유용한 방법입니다. 우리가 시험을 볼 때도, 학생의 상태에 따라 매번 점수도 다릅니다. 그러므로 여러 번의 시험에서 얻은 평균 성적을 학생의 수준으로 판단합니다.

연습

앞의 연습을 통해, 우리는 미니멀 자동차의 평균 속도를 사용하여 어떤 시점에서의 주행 거리를 예측할 수 있습니다.

실제 거리와 예측 거리를 한 묶음의 데이터라고 했을 때, 다음 10묶음의 데이터에 대한 평균 제곱 오차를 계산해 보시오.

(1.1, 1) ; (2.0, 2) ; (3.2, 3) ; (3.9,4) ; (5.1,5) ;
(6.4, 6) ; (6.8, 7) ; (8.0, 8) ; (9.1, 9) ; (10.0, 10)

단원 정리

이 단원에서는 주로 오차의 개념에 대해 학습하였습니다. 어떠한 측정 방법이라 하더라도 오차는 여전히 존재합니다. 여러 차례의 측정을 해서 우리는 더 정확한 측정값을 얻을 수 있습니다.

[자체 평가]

학습 내용	숙달 정도		
오차의 의미	☐ 매우 우수	☐ 우수	☐ 보통
오차의 표시	☐ 매우 우수	☐ 우수	☐ 보통
오차를 줄이는 방법	☐ 매우 우수	☐ 우수	☐ 보통

3.3 직선의 표시 및 속도

직선의 표시

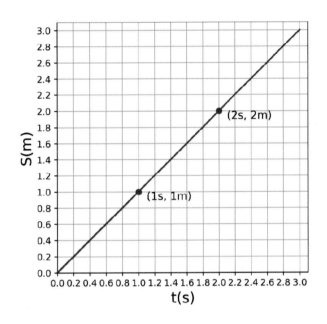

[그림 3-4]
직선의 표시

　직선에는 무한한 점이 포함되어 있습니다. 하지만 직선에서 임의의 다른 점들은 모두 이 직선에 의해 정해집니다. [그림 3-5]와 같이 두 점을 기준으로 직선의 특성에 의해 기울기를 계산할 수 있습니다.

　기하학적으로 분석하면, 이 직선의 기울어진 정도는 기울기라고 합니다. 직선의 기울어진 정도가 클수록 기울기가 크고, 수평에 가까울수록 기울기가 작습니다. 만약 좌표계의 가로축이 시간을 나타내고 세로축이 거리를 나타낸다면, [그림 3-5]에 그린 직선의 기울기가 가상 자동차의 평균 속도입니다.

기울기

한 직선의 기울기는 직선의 기울어진 정도를 말하는데, 직선이 가파를 수록 기울기가 큽니다.

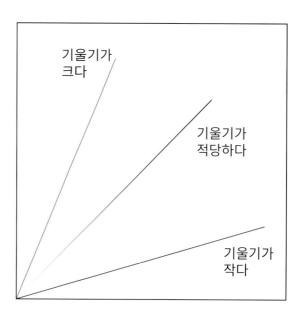

[그림 3-5]
기울기가 다른 직선

가상 자동차의 평균 속도를 계산할 때, 우리는 직선에서 임의의 두 점을 선택할 수 있습니다. 이 두 점의 가로축 차이는 시간 차이에 해당되고, 세로축 차이는 이동 거리의 차이에 해당됩니다.

이 경우 가상 자동차의 평균 속도는 다음과 같은 공식으로 구할 수 있습니다.

평균 속도 = 이동 거리의 차이/시간 차이

평균 속도의 정확한 측정 방법

평균 속도를 기준으로 위치 인식의 거리를 예측하는 방법은 실제 상황과 차이가 있습니다. 즉 실제 응용에서 평균 속도의 값은 정확하지 않을 수도 있습니다.

더 정확하게 위치를 파악하기 위해 우리는 더 정확한 평균 속도를 구해야 합니다. 더 정확한 평균 속도는 데이터, 즉 직각 좌표계의 점을 사용해 구할 수 있습니다.

우리는 먼저 평균 속도의 예측 모형을 종이에 그릴 수 있습니다. 속도가 변하지 않으면, 시간과 거리는 정비례 관계를 갖습니다. 그러므로 평균 속도로 주행하는 경우, '시간과 거리'의 좌표에서 0을 지나는 직선으로 표시할 수 있습니다. 만약 예측 시간을 10초로 설정하면, 직선의 가로축 10초에 해당하는 점을 선택하면 되고, 세로축은 가상 자동차가 10초 동안 주행했을 때의 위치를 나타냅니다.

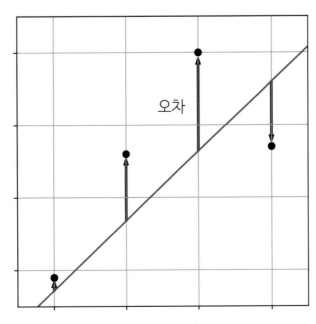

[그림 3-6]
오차의 측정

107

[그림 3-6]에서 실제로 측정한 거리를 검은 점으로 표시하였습니다. 여기서 오차를 쉽게 확인할 수 있게 좌표 확대를 표시했습니다. 검은 점의 수직 방향과 평균 속도의 직선을 가로지르는 새로운 선을 표시하였습니다. 새로운 선의 길이가 바로 절댓값의 방법으로 표현한 이동 거리의 오차입니다.

우리는 좌표 용지를 사용하여 기록할 수 있습니다. 용지 위에는 정사각형들이 그려져 있습니다. 우리는 좌표 용지를 사용해 편리하게 거리와 시간에 대응하는 좌표점을 그릴 수 있습니다. 또한, 좌표 용지에서 가로 좌표에서 0.5초와 세로 좌표에서 0.1m에 해당하는 교차점을 선택할 수도 있습니다.

예를 들어 0.5초의 점을 앞에서 배운 go 함수의 시간 매개변수를 설정하여 가상 자동차를 출발 후의 특정한 시간인 0.5초에서 멈추게 할 수 있습니다. 줄자를 사용하여 가상 자동차가 주행한 거리를 측정하고, 좌표계의 교차점에 가상 자동차가 주행한 거리와 시간에 해당하는 점을 표시할 수 있습니다.

만약 거리가 정확히 0.1m의 배수이 아니라면, 정사각형 내의 비례를 고려해서 최대한 정확한 위치에 그려야 합니다.

0.5초에 해당하는 점을 기록한 뒤, 가상 자동차가 주행한 시간 매개변수를 1초로 수정합니다. 그리고 다시 출발점에서 시작하여 측정 단계를 반복합니다. 이와 같이 시간 매개변수를 반복적으로 수정하면서 측정하면 최대 10초 내의 주행거리를 측정할 수 있으며, 20개의 점을 [그림 3-7]과 같이 표시할 수 있습니다.

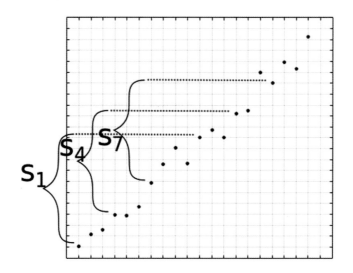

[그림 3-7]
평균 속도의 계산

대수 계산법

점들을 기록한 다음, 어떻게 가상 자동차의 속도를 계산해야 할까요? 속도는 '거리 ÷ 시간'의 공식으로 구할 수 있으며, 그림에서 임의의 두 점은 모두 가상 자동차의 속도를 구할 수 있습니다. 여기서 우리는 5초를 간격으로 두 점을 한 묶음으로 선택할 수 있습니다.

이렇게 기록한 20개의 점들은 (0.5, 5.5), (1.0, 6.0), ..., (5.0, 10.0) 등 10개로 묶을 수 있습니다.

각 묶음에 대해 두 점 사이의 차이를 계산하면, 가상 자동차가 5초 동안 주행한 거리와 속도를 계산할 수 있습니다.

v = 거리 차이/5초

10개의 묶음을 각각 계산하면, 10개의 비슷한 값을 얻을 수 있습니다. 가상 자동차의 평균 속도는 이 10개의 속도의 평균값으로 구할 수 있습니다. 새로운 평균 속도를 근거로 새로운 직선을 그릴 수 있으며, 이 직선으로 위치를 더 정확하게 측정할 수 있습니다.

연습

1. 가상 자동차가 직선 주행한 시간과 거리의 측정 데이터가 다음과 같을 때, 대수 계산법으로 평균 속도를 구해 보시오.
(1s, 1.1m); (2s, 2.0m); (3s, 3.2m); (4s, 3.9m); (5s, 1.5m); (6s, 6.4m); (7s, 6.8m); (8s, 3.2m); (9s, 9.1m); (10s, 10.0m).
2. 구해진 평균 속도로 위치 인식을 예측하는 새로운 직선을 그려 보시오.

기하 계산법

대수 계산법에서는 데이터를 묶어 묶음으로 분류하는 방식으로 평균 속도를 계산하였으며, 이에 따라 주행 거리를 예측하는 새로운 직선을 그렸습니다. 이와 반대로 우리가 직선을 그려 보는 방법으로 평균 속도를 구할 수 있을까요?

당연히 구할 수 있습니다. 좌표 용지 위에 점을 먼저 그린 다음 이러한 점들이 어떠한 범위 내, 즉 어떠한 직선을 위주로 분포되어 있다는 것을 확인할 수 있습니다. 자신의 경험과 직감으로 모든 점과 제일 가까운 직선을 그려 봅시다.

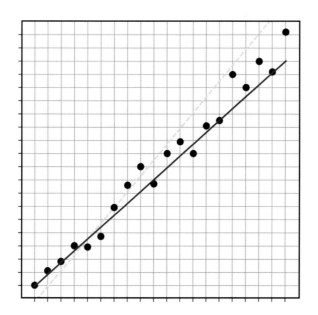

[그림 3-8]
데이터 점의 분포

직접 실험하여 기록한 점들은 [그림 3-8]과 같습니다.

그림에서는 점선을 사용해 다양하게 시도하였습니다. 그중 노란색
선은 대부분의 점보다 위치가 높고 빨간색 선은 차이나게 높거나 낮지
도 않습니다.

그렇지만 우리는 빨간색 선보다 낮은 곳에 분포되어 있는 점들은
시간이 짧은 부분에 집중되어 있고, 높은 곳에 분포되어 있는 점들은
시간이 긴 부분에 집중되어 있다는 것을 알 수 있습니다.

직선의 기울기가 적절하지 않다는 것을 의미합니다.

그러므로 점들이 최대한 직선의 양측에 분포되어 있도록 직선을 그
려야 최종적으로 오차를 줄일 수 있습니다. 다음의 [그림 3-9]에서 파
란색 선은 정확한 예시를 나타냅니다.

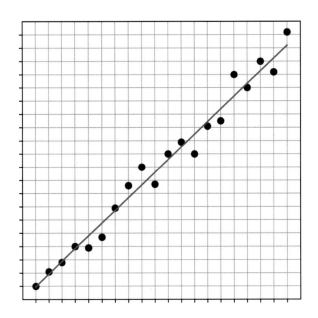

[그림 3-9]
적합한 직선 그리기

위의 직선을 그리는 과정은 데이터 점들에 적합하게 맞추는 과정으로 볼 수 있습니다. 여기서 주의해야 할 것은, 이 직선이 모든 점을 가로질러야 할 필요는 없지만 모든 점은 직선의 주위에 분포되어 있어야 합니다.

최적의 적합 직선을 그리는 방법

앞에서 우리는 직선을 그리는 방법으로 평균 속도를 구해 보았습니다. 그렇지만 개개인에 따라 직선을 그리는 방법도 다릅니다. 그렇다면 수학에서 제일 적합한 유일한 직선이 존재할까요? 당연히 존재합니다. 수학자들은 '최소 제곱법'이라고 하는 가장 적합한 직선을 구하는 계산법을 연구했습니다. 이 계산법으로 구한 적합 직선은 오차가 가장 적습니다.

연습

1. 다음과 같은 데이터를 기준으로 기하 계산법을 사용하여 최적의 적합 직선을 그려 보시오.
(1s, 1.1m); (2s, 2.0m); (3s, 3.2m); (4s, 3.9m); (5s, 1.5m); (6s, 6.4m); (7s, 6.8m); (8s, 3.2m); (9s, 9.1m); (10s, 10.0m).

2. 이 직선의 기울기를 구하여 평균 속도를 계산하시오.

3. 평균 제곱근 오차 표시법으로 자신이 그린 직선의 오차를 계산해 보시오.

단원 정리

이 단원에서는 주로 가상 자동차의 위치 인식에 대해 학습하였습니다. 간단한 속도 계산법을 사용하여 자동차의 주행 거리를 초보적으로 측정할 수 있습니다. 그렇지만 가상 자동차의 무게와 지면에 대한 마찰력의 변화로 인해 정확성을 보장할 수 없습니다. 이렇게 센서를 사용하지 않고 위치를 인식하는 방법을 로봇학에서는 '개방형 순환 제어'라고 합니다. 다음에서 우리는 더 효율적으로 위치 인식하는 방법을 학습할 것입니다.

[자체 평가]

학습 내용	학습 평가		
직선의 표시	□ 매우 우수	□ 우수	□ 보통
평균 속도의 최적화	□ 매우 우수	□ 우수	□ 보통
평균 속도의 대수 계산법	□ 매우 우수	□ 우수	□ 보통
평균 속도의 기하 계산법	□ 매우 우수	□ 우수	□ 보통

3.4 단일 센서 거리 측정

실제로 거리를 측정할 때, 줄자로 바로 측정하기에는 다소 어려움이 있습니다. 앞에서 초음파 센서의 반사파를 사용해 장애물과의 거리를 측정하는 방법을 배웠습니다. 이 원리를 바탕으로 초음파 센서를 사용하여 가상 자동차의 주행 거리를 측정할 수 있습니다.

우리는 가상 자동차의 뒷부분에 초음파 센서를 설치했다고 가정합니다. 가상 자동차의 후방에 장애물이 있으면, 센서는 가상 자동차의 뒷부분과 장애물 사이의 대략적인 거리를 측정할 수 있습니다.

장애물을 출발점으로 정하고, 자동차를 50%의 견인력으로 직진하도록 조종합니다. 10개의 다른 시간에서 초음파 센서의 수치를 기록하고 가상 자동차와 출발점(장애물)의 실제 거리를 측정합니다.

초음파의 수치를 가로 좌표로 정하고, 가상 자동차의 실제 거리를 세로 좌표를 정한 다음, 데이터를 좌표 용지에 기록하여 직선을 그려보면 아래와 같습니다.

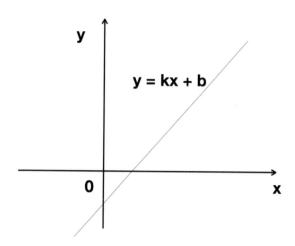

[그림 3-10]
초음파로 측정한 데이터를 기준으로 그린 적합 직선

이상적인 경우, 센서의 수치와 자동차의 실제 주행 거리는 같아야 하며 좌표계의 원점에서 기울기가 45도여야 합니다. 그러나 실제 실험에서는 적합한 직선이 좌표계의 원점을 지나지 않았다는 것을 확인할 수 있습니다. 왜냐하면, 출발점에 있을 때, 초음파 센서와 장애물 사이의 거리가 0일 수 없기 때문입니다. 우리가 매번 탐지기를 통해 얻은 수치는 모두 이러한 오차가 있습니다. 그러므로 가상 자동차의 주행 거리를 계산할 때 이러한 오차값을 고려해야 합니다.

따라서 다음과 같은 경험 공식을 얻을 수 있습니다.

가상 자동차가 주행한 거리 = 초음파 수치 * _____ +_____

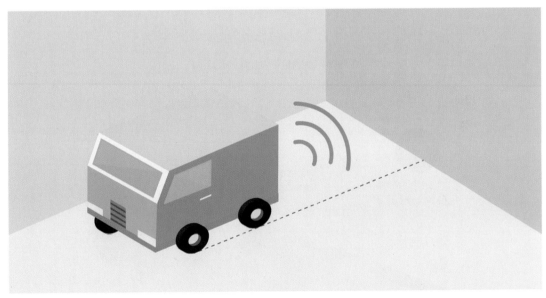

[그림 3-11] 초음파 센서를 사용한 거리 측정

초음파 센서를 통해 거리에 대한 수치를 얻을 수 있지만, 초음파가 수신한 물체 표면의 재질 및 초음파가 흡수한 각도에 따라 영향을 받기도 합니다. 가상 자동차가 궤도를 조금만 이탈하더라도 초음파 센서의 수치는 정확하지 않을 수 있습니다.

초음파 센서를 이용하는 방법 외에도 컬러 센서의 반사를 통해 측정할 수 있습니다. 가상 도로의 색상을 그레이 그라디언트로 설정합니다. 출발점에서 거리가 멀어질수록 경주로의 색상은 점점 어두워지면서 컬러 센서의 수치도 점점 커지게 됩니다. 가상 자동차가 50%의 견인력으로 직진하도록 조종하고, 10개의 다른 시간대 t의 수치를 컬러 센서로 기록하여 가상 자동차의 실제 거리를 측정합니다. 컬러 센서의 수치를 가로 좌표로 설정하고 실제 거리를 세로 좌표로 설정한 다음, 좌표 용지에 이러한 데이터를 기록하고 적합 직선 그리기를 합니다.

적합 직선에서 다음과 같은 경험 공식을 얻을 수 있습니다.

자동차가 주행한 거리 = 컬러 센서의 수치* _____ +_____

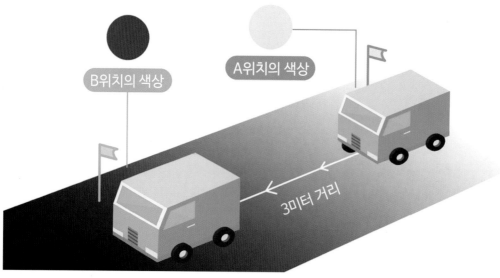

[그림 3-12] 컬러 센서로 측정한 거리

단원 정리

이 단원에서는 센서를 사용하여 자동차의 위치를 측정할 수 있다는 것을 학습했습니다.

[자체 평가]

학습 내용	학습 평가		
초음파 센서를 사용하여 거리 측정	□ 매우 우수	□ 우수	□ 보통
컬러 센서를 사용하여 거리 측정	□ 매우 우수	□ 우수	□ 보통

3.5 다중 센서 거리 측정

평균화

우리는 평균 속도 및 시간 측정, 초음파 센서 측정 및 컬러 센서 측정을 포함하여 거리를 측정하는 다양한 방법을 배웠습니다. 측정 방법에 따라 결과도 다른데, 우리는 어떤 방법을 선택해야 할까요?

이 문제는 다른 측면에서 생각해 볼 필요가 있습니다. 영희가 자신의 집에 있는 텔레비전과 소파 사이의 거리를 알고 싶어하는데, 김 선생님의 답은 4m이고, 이 선생님의 답은 4.5m이며, 박 선생님의 답은 5m입니다. 그러면 누구의 답을 신뢰해야 할까요?

영희는 세 분 선생님 답의 평균치를 구하기로 결정하였습니다.

실제로 우리가 어떤 방법이 옳은지 확신할 수 없을 때, 가장 직접적인 방법은 결과의 평균값를 구하는 것입니다.

만약 우리가 배운 세 가지 방법을 사용하여 측정한다면, 더 정확하게 수치를 얻을 수 있을 것입니다다. 그러면 어떻게 실행할까요?

예를 들어 거리 계산법의 측정 결과가 3.1m이고, 초음파 센서의 측정 결과가 3.2m이며, 컬러 센서의 측정 결과가 3.3m라면, 평균을 구하는 방법은 다음과 같다.

(3.1+3.2+3.3) ÷ 3 = 3.2m

[그림 3-13] 측정 결과의 평균값 구하기

최적의 선택

앞에서 우리가 어떤 방법을 더 신뢰할 것인지 선택하지 못할 때, 모든 수치의 평균값을 구하는 방법을 제시하였습니다.

즉 세 가지 방법의 정확도에 확신이 없을 경우에는 어떻게 해야 할까요? 이때 평균값을 구하는 것이 과연 좋은 방법일까요?

실제로 앞에서 오차의 개념을 설명했듯이, 우리는 오차의 크기로 측정 방법의 정확도를 가늠할 수 있습니다. 만약 측정 방법의 오차가 너무 크다면, 이 방법은 정확하지 않다는 것을 알 수 있습니다. 만약 측정 방법의 오차가 작거나 아예 오차가 발생하지 않는다면, 선택한 방법이 매우 정확하다는 것을 알 수 있으며 신뢰도 생깁니다.

세 가지 센서의 결과의 평균값을 구하는 방법도 같은 이유입니다.

우리는 계수를 사용하여 다양한 방법에 대한 신뢰도를 설명할 수 있습니다. 이러한 신뢰도를 나타내는 수치를 가중치라고 합니다.

예측 결과 = 가중치 1*측정 결과 1+가중치 2*측정 결과 2+ ...

두 가지 방법에 대한 신뢰도가 동일한 경우, 가중치는 같으며, 두 가지 측정 결과의 평균값을 구한다는 의미입니다. 예를 들어 초음파 센서의 측정 결과가 3.2m이고, 컬러 센서의 측정 결과가 3.3m라면 수학적으로 다음과 같이 설명할 수 있습니다.

예측 거리 = (초음파 센서 측정 거리 + 컬러 센서 측정 거리) ÷ 2

= (초음파 센서 측정 거리 + 컬러 센서 측정 거리)*1/2

= 1/2*초음파 측정 거리 + 1/2*컬러 센서 측정 거리

여기서 두 개의 1/2은 각각 초음파 센서와 컬러 센서의 가중치입니다. 신뢰도가 같다면, 두 개의 가중치도 같습니다. 가중치와 측정 결과를 사용해 결과를 예측하는 방법을 가중 평균법이라 합니다.

우리는 가중 평균법의 방법으로 거리를 계산할 수 있습니다.

예측 거리 = a*주행한 시간으로 예측한 거리 + b*초음파 센서로 예측한 거리 + c*컬러 센서로 예측한 거리

여기서 a, b, c가 정수이고, 정수의 합이 1이면, 가중 평균의 거리를 구할 수 있습니다. 오차가 비교적 큰 수치는 신뢰도가 낮으므로 가중치를 작게 설정해야 합니다.

여기서는 앞에서 학습한 평근 제곱근의 정의를 사용합니다. 그렇다면 오차를 어떻게 계산해야 위의 조건을 충족하는 계수를 얻을 수 있을까요? 측정한 세 개의 오차가 각각 D_a, D_b, D_c라고 가정했을 때, 가중 계수의 구하는 아래 수학 공식이 위의 조건을 충족하는지 살펴봅니다.

$$a = \frac{(1/D_a)^i}{(1/D_a)^i + (1/D_b)^i + (1/D_c)^i}$$

$$b = \frac{(1/D_b)^i}{(1/D_a)^i + (1/D_b)^i + (1/D_c)^i}$$

$$b = \frac{(1/D_b)^i}{(1/D_a)^i + (1/D_b)^i + (1/D_c)^i}$$

여기서 우리는 제곱수 $i = 1$ 또는 $i = 2$를 선택할 수 있으므로, 이러한 계산법을 어떻게 프로그램으로 구현할 것인지 연구해 봅시다.

예제

예를 들어 우리는 가중 평균의 함수를 정의할 필요가 있습니다. 그렇다면 앞에서 설명한 a, b, c의 값을 정의하고 3개의 예측 거리를 입력한 뒤, 가중 평균의 결과를 얻을 수 있습니다. ($i = 2$)

```
def distance(x1, x2, x3)
    Da = 5       # 주행한 예측 거리의 오차
    Db = 1       # 주행한 예측 거리의 오차
    Dc = 3       # 주행한 예측 거리의 오차
    s = 1.0(1.0/Da/Da+1.0/Db/Db+1.0/Dc/Dc)
    a = s/Da/Da
    b = s/Db/Db
    c = s/Dc/Dc
    y = a*x1 + b*x2 + c*x3
    return y
```

이 밖에도 극단적인 상황을 고려해야 합니다. 예를 들어 초음파 센서의 반사 각도가 너무 기울거나 거리가 너무 멀면 초음파 센서의 신호가 잘못 측정되었을 가능성이 있습니다. 초음파 센서가 반사 신호를 탐지하지 못하면 반환값 state = 0이 발생합니다.

예제

예를 들어 위의 함수에 대해 판단 조건을 추가할 수 있습니다.

```
if state ==1:
    y = a*x1 + b*x2 + c*x3
else:
    y = (a*x1 + c*x3) / (a + c)
```

이와 같이 초음파 센서가 정상적으로 작동하지 않을 경우, 다른 탐지 방법을 사용하여 거리를 예측할 수 있습니다.

서로 다른 계수 i의 결합 오차를 줄이기 위해 우리는 통합하여 실험을 해 볼 수 있습니다.

초음파 센서와 컬러 센서를 동시에 사용하여 가상 자동차가 주행할 때 특정한 시간대에서 계수인 시간, 초음파 수치, 그레이 그라디언트 수치 및 실제 측정 거리를 측정합니다. 그리고 결합하는 공식을 사용하여 최종 예측 거리를 측정합니다.

연습

가상 자동차가 실제로 주행한 거리가 20m라면, 주행한 거리를 통해 예측한 오차는 $D_a = 6$이고, 예측 거리는 x1 = 20.5m입니다. 초음파 센서가 예측한 오차가 $D_b = 1$이면, 예측한 거리는 x2 = 20.2m입니다. 컬러 센가 예측한 오차가 $D_c = 6$이면, 예측한 거리는 x3 = 19m입니다. 지수 i = 1과 i = 2를 구할 때, 결합한 거리의 수치를 각각 계산해서 실제 기록한 거리와 비교를 진행합니다. 평균 오차를 기록하고 지수 n의 값을 비교하면서 얼마일 때 오차가 제일 작은지 계산해 보시오.

단원 정리

이 단원에서 여러 가지 센서가 측정한 결과를 사용하여 자동차 위치 인식의 정확도를 높이는 방법을 학습하였습니다. 가중 평균법을 사용하여 공식에 특정한 가중치를 설정하는 방법으로 최적화된 거리 예측 공식을 얻을 수 있으며, 가능한 모든 센서를 최대한 활용하였습니다.

[자체 평가]

학습 내용	학습 평가		
센서 결합의 개념	☐ 매우 우수	☐ 우수	☐ 보통
가중치 평균의 개념	☐ 매우 우수	☐ 우수	☐ 보통
가중치 계수의 정의	☐ 매우 우수	☐ 우수	☐ 보통

3.6 로빈 후드의 이야기

로빈 후드의 전설

로빈 후드(Robin Hood)는 12~13세기경부터 영국에 전해져 내려오는 전설적인 의적으로서 화살 위에 화살을 쏴서 맞힐 정도로 활 솜씨가 좋은 것으로 유명합니다.

[그림 3-14] 로빈 후드가 활을 쏘다

이 단원에서는 가상 자동차를 사용해 '로빈 후드의 활쏘기' 과정을 재현해 볼 것입니다. 예를 들어 활을 쏘는 과정에서 로빈 후드가 한 발을 쏜 다음, 앞으로 몇 걸음 전진하고 또 쏜다고 상상해 봅시다. 즉 우리의 가상 자동차도 로빈 후드처럼 특정한 거리를 주행한 뒤, 잠시 멈췄다가 또 주행하는 것을 10번 반복했다고 가정해 봅시다.

실험 개요

0부터 100까지의 범위에서 10개의 숫자를 선택합니다. 각 숫자는 출발점과의 거리를 의미하며 단위는 센티미터(㎝)입니다. 가상 자동차가 매번 이러한 위치에 도달하면, 잠시 멈췄다가 '활쏘기'를 합니다.

이때 가상 자동차는 지면에 기호를 남기고 정확한 위치 정보를 기록합니다. '활쏘기'가 끝난 다음, 다음의 정지 지점으로 이동하며, 이렇게 10번 반복합니다.

실험 측정

다중 센서를 결합하는 방법을 사용하여 가상 자동차가 정지하는 위치에 대해 예측하고 판단할 수 있습니다. 그리고 실제 측정한 10개 묶음 데이터를 기록합니다.

실험 평가

이 10개의 위치와 거리를 비교하면서 누구의 평균 오차가 가장 작은지 살펴봅니다.

단원 정리

이 단원에서는 주로 앞에서 배운 여러 내용을 종합하여 응용하였습니다. 위치 인식 공식 및 위치 인식 오차의 표시를 학습하였습니다. 그리고 다중 센서를 사용하여 가중 평균으로 거리 공식을 종합적으로 실행하였습니다. 또한, 구체적인 응용에서 나타나는 문제를 체험하였습니다.

[자체 평가]

학습 내용	학습 평가		
디중 센서를 사용한 실행	□ 매우 우수	□ 우수	□ 보통

이 장의 요약

이 장을 통해 기초적인 위치 인식의 문제를 수학, 물리 지식을 바탕으로 가상 자동차의 위치 인식에 대해서 이해하였습니다.

단일 센서를 응용하여 다중 센서까지 확장하였습니다. 이 장에서 사용된 프로그램 지식은 적으나, 개념과 문제 해결을 하는 방법은 로봇을 이해하는 데 도움이 될 것입니다.

또한, 가상 자동차의 위치 인식에 대한 종합적인 실험으로 가상 자동차 위치 추적을 흥미롭고 더욱 깊이 있게 학습할 수 있습니다.

제4장 이미지 처리 기초

우리는 매일 눈을 뜨면 눈부시게 화려한 세계를 보게 됩니다. 오색찬란한

꽃들, 푸른 하늘, 그리고 사랑하는 사람들의 친숙한 웃음을 볼 수 있습니다.

시력이 좋은 사람은 태어나면서 하늘이 주는 아름다운 특권을 누리며, 눈으로

이 세상을 인식할 수 있습니다. 하지만 컴퓨터는 어떻게 이 세상을 볼 수 있을

까요? 컴퓨터는 사람과 달리 눈이 없지만 컴퓨터 비전 기술을 사용하여 세계

를 자세히 살펴봅니다. 컴퓨터 비전은 이미지 데이터를 기반으로 합니다.

이 장에서는 컴퓨터의 이미지 표시 방법과 이미지 처리 방법을 학습합니다.

[그림 4-1] 컴퓨터의 시각

　스마트폰의 얼굴 인식 기능을 사용해 보셨나요? 주차장에 출입할 때 차량번호 인식 기능을 경험해 보셨나요? 병원에서 CT를 촬영해 보셨나요? 카카오톡에 있는 이모티콘들이 귀여운가요? 움직이는 이모티콘 중에서 어떤 걸 좋아하나요? 자신의 사진으로 움직이는 이모티콘을 제작하는 방법을 알고 있나요?

　이러한 간단하고 흥미로운 응용 프로그램 뒤에는 날로 발전하는 이미지 처리 기술이 뒷받침하고 있습니다. 공항의 탑승구에서 얼굴을 인식하여 여권과 탑승권이 일치하는지 몇 초 내로 확인하는 시스템, 도로 위 차량의 속도를 감시하기 위해 설치한 과속 카메라, 자율주행차에 이르기까지 이미지 처리 기술의 발전으로 인해 사람들의 일상생활은 크게 변화하였습니다.

　이 장에서는 컴퓨터로 어떻게 이미지를 표시하고 처리할 것인지에 대해 학습할 것입니다. 또한, 우리는 이미지 변형 기술로 움직이는 이모티콘을 만드는 방법을 배우게 될 것입니다.

4.1 이미지의 원리와 구조

우리가 스마트폰으로 사진을 촬영하는 것은 현실 세계의 물체를 평면의 '이미지'로 변환하는 것입니다. 컴퓨터가 이러한 현실 세계를 어떻게 보는지 이해하기 위해서 이미지의 원리와 구조부터 학습하겠습니다.

핀홀 이미지

중국 전국시대 초기의 학자인 묵자는 그의 제자들과 함께 세계 최초로 핀홀 실험을 하였습니다. 핀홀 이미지의 원리, 즉 카메라의 원리를 분석하였으며 빛의 직진성을 밝혔습니다.

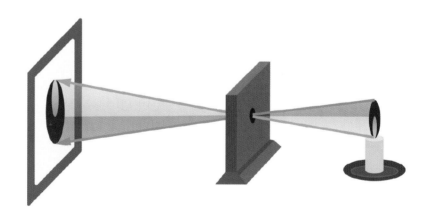

[그림 4-2]
핀홀 이미지

작은 구멍을 뚫은 판으로 벽과 물체 사이를 가로막으면, 벽에서 물체의 거꾸로 비친 그림자를 볼 수 있습니다. 이러한 현상을 핀홀 이미지라고 합니다.

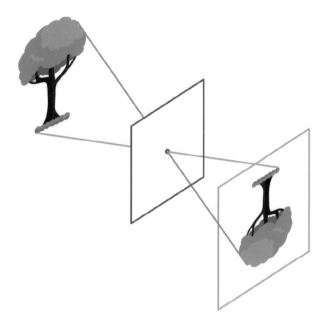

[그림 4-3]
핀홀 이미지

우리가 중간의 판을 이동하면, 벽에 비치는 이미지의 크기도 그에 따라 변합니다.

연습

다음과 같은 실험 순서로 핀홀 이미지를 완성해 보시오.

1. 뾰족한 연필로 딱딱한 종이의 중심점에 구멍을 냅니다. 구멍의 지름은 약 3mm이며, 책상 위에 올려놓은 다음 커튼을 내려 실내의 조명을 어둡게 합니다.

2. 양초에 불을 붙여 구멍과 가까운 곳에 놓습니다. 흰 종이를 가져와 구멍의 다른 한쪽 면에 놓으면 종이 위에 거꾸로 비친 촛불을 볼 수 있습니다. 우리는 이것을 초의 '이미지'라고 합니다.

3. 종이를 앞뒤로 이동하면서 거꾸로 비친 촛불에 어떤 변화가 발생하는지 관찰합니다.

생각과 토론

1. 종이가 초와 가까울 때, '이미지'의 크기에 어떤 변화가 있는가요? '이미지'의 밝기는 어떤가요?
2. 종이가 초와 멀어질 때, '이미지'의 크기에 어떤 변화가 있는가요? '이미지'의 밝기는 어떤가요?
3. 구멍의 크기에 변화를 주어 초의 '이미지'에 어떤 변화가 있는지 관찰해 보세요. 구멍의 크기는 '이미지'에 어떤 영향을 주는가요?
4. 구멍을 통과해 생긴 '이미지'는 왜 거꾸로 되어 있을까요?
5. '이미지'의 크기는 어떤 요소와 연관이 있는가요?
6. '이미지'의 선명한 정도는 어떤 요소와 연관이 있는가요?

카메라의 원리

인류는 오래전부터 이미 '핀홀 이미지' 원리를 이용하여 광학적 이미지 장치를 만들었으며, 이러한 장치를 '카메라 옵스큐라(Camera obscura)'라고 불렀습니다. 19세기 전반기, 사람들은 마침내 카메라 옵스큐라에 비친 광학 이미지를 기록할 수 있는 방법과 감광 물질을 찾았습니다. 카메라 산업은 이때부터 발전하기 시작하였으며, 카메라 옵스큐라는 카메라의 원조로 '카메라(Camera)'라는 이름을 얻게 되었습니다.

[그림 4-4] 카메라 옵스큐라

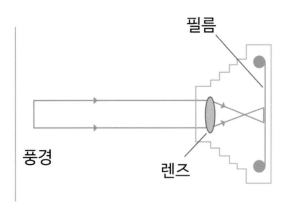

[그림 4-5] 카메라 구조

카메라는 볼록렌즈를 이용하여 이미지를 축소하는 원리로 만들어졌습니다. 볼록렌즈는 굴절을 통해 이미지를 맺는 투명한 렌즈이며, 빛을 모으는 작용을 합니다. 카메라의 렌즈는 볼록렌즈에 해당되며, 물체의 빛은 렌즈를 투과하여 거꾸로 축소된 이미지를 필름에 나타냅니다.

사람의 눈도 볼록렌즈의 굴절 원리로 이미지를 맺습니다. 눈의 앞쪽에 있는 '수정체'가 볼록렌즈와 같은 작용을 하며, 핀홀 이미지 실험에서 '핀홀(작은 구멍)'에 해당합니다. 눈의 뒤쪽에 있는 망막은 마치 영화관의 스크린과 같습니다. 빛이 눈에 비치면 '수정체'를 통해 굴절하며, 눈의 뒤쪽에 있는 망막에 투영됩니다. 망막이 신호를 대뇌에 전달하면 우리는 비로소 볼 수 있습니다.

다음의 [그림 4-6]은 눈의 구조를 보여 줍니다. 여기서 수정체는 볼록렌즈 역할을 하며, 이미지에 따라 물체는 망막에 거꾸로 축소된 이미지를 만들게 됩니다. 물체로부터 나온 빛은 동공을 통해 수정체를 거치면서 망막에 이미지로 나타나고, 다시 신경계를 거쳐 뇌에 전달되고, 뇌의 처리를 거친 다음 우리는 물체를 보는 시각을 갖게 됩니다.

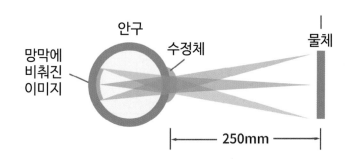

[그림 4-6]
망막에 이미지가 맺
히는 과정

카메라의 탄생 초기에 사람들은 유화와 같은 방식으로 투영된 이미지를 기록하였습니다. 감광 필름의 기술이 계속 발전하면서 사람들은 유화 대신 흑백 필름과 컬러 필름을 사용하였습니다. 이러한 기술의 발전으로 이미지를 기록하는 데 필요한 시간이 단축되었습니다.

그 후 전자 기술의 발전에 따라 '전하 결합 소자(CCD)'를 사용할 수 있게 되었으며, 더 높은 수준의 '상보성 금속 산화막 반도체(CMOS)'까지 사용하게 되었습니다. 이러한 반도체는 감지된 광학 신호를 디지털 신호로 전환시켜 컴퓨터에 저장할 수 있도록 도와줍니다.

[그림 4-7]
디지털 카메라의 감
광 소자

1990년대 초반, 코닥에서 최초의 상용 디지털카메라를 출시하면서, 감광 소자를 사용하였습니다. 2006년, 후지필름은 이미지를 디지털 신호로 전환할 수 있는 기술을 바탕으로 얼굴 인식을 사용한 초점 맞추기와 같은 이미지 처리 기술을 디지털카메라에 적용하였습니다.

지금은 다양한 뷰티 카메라 앱과 같은 사진 촬영과 관련된 이미지 식별 처리 소프트웨어가 개발되었습니다. 디지털 이미지 입력 기술이 발달하면서 이미지 처리 기술도 점차 발전하였습니다.

생각과 토론

1. 카메라 렌즈는 무엇이며, 어떤 원리를 이용하여 만들어졌나요? 물체의 빛은 렌즈를 통해 필름에 어떠한 이미지를 맺을까요?
2. 현재 사용되고 있는 컴퓨터는 어떠한 신호로 이미지를 기록하나요?

단원 정리

이 단원에서는 핀홀, 눈, 카메라에서의 이미지 처리 방법을 학습했습니다. 이미지를 기록하는 방법을 포함하여 3차원 세계에서 물체를 이미지 형태로 변환하고 기록하는 방법을 설명하였습니다. 그리고 다음 단원에서는 이미지 데이터의 구조 및 처리에 대한 기초 학습 과정으로 디지털 카메라가 디지털 형식으로 이미지를 저장하는 방법을 설명합니다.

[자체 평가]

학습 내용	학습 평가		
핀홀 이미징의 원리	□ 매우 우수	□ 우수	□ 보통
디지털카메라의 발전	□ 매우 우수	□ 우수	□ 보통

4.2 이미지의 표시

컴퓨터가 어떻게 물체를 식별하고 기억하는지 여러분은 알고 있나요? 실제로 전자 영상 장비를 이용해서 얻은 이미지는 컴퓨터에서 바로 사용할 수 없습니다. 컴퓨터가 이미지 데이터를 이해하고 처리하려면, 이미지를 통일된 데이터 구조 및 기타 사용 방식으로 정의해야 합니다.

화소(pixel)와 2차원 배열

이미지 표시 기술은 지난 수십 년 동안 급격히 발전하였으며, 게임 화면의 변화에서 이러한 발전을 확연하게 볼 수 있습니다. 스네이크 게임부터 고화질 게임에 이르기까지 화면은 점점 세밀해지고, 공간을 표현하는 범위도 더 광범위해졌습니다.

[그림 4-8-1] 스네이크 게임   [그림 4-8-2] 패미컴   [그림 4-8-3] 고화질 게임

지난 수십 년 동안 이미지를 표시하는 기술은 여전히 화소로 구성된 2차원 배열 방식으로 변함이 없습니다. 이해를 돕기 위해 이 단원에서는 흑백 이미지에 대해서만 설명하고, 다음 단원에서 컬러 이미지를 학습할 것입니다.

[그림 4-9] 사물함

디지털 이미지는 우리가 일상에서 쉽게 볼 수 있는 사물함과 비슷합니다. 사물함은 배열된 작은 사물함으로 이루어져 있습니다. 각 사물함은 모두 물건을 보관할 수 있으며, 물건을 꺼내려면 사물함이 몇 번째 행과 열에 있는지 위치를 알면 됩니다.

작은 사물함은 이미지의 화소를 의미합니다. 사물함에는 길이와 넓이라는 단위가 있으며, 작은 사물함의 개수와 배열을 결정하는데, 이 단위가 2차원 배열을 나타내고 있습니다.

이미지(2차원 배열)의 각 화소를 불러오는 것과 수정하는 것도 사물함에서 물건을 보관하고 꺼내는 것과 같습니다.

화소와 2차원 배열은 어디에나 존재하며, 거의 모든 전자 화면에서 화소를 볼 수 있습니다. 돋보기로 텔레비전 모니터를 살펴보면 배열된 점들을 볼 수 있습니다. 이 점들이 바로 화소이며, 2차원 배열된 상태로 빛을 발산하면서 이미지를 구성합니다.

디지털 이미지(흑백)는 2차원 배열로 표시됩니다. 배열에서 각 위치는 모두 화소를 나타내며, 숫자는 화소의 밝기를 의미하는데, 이를 화소값이라고 부릅니다. 화소는 디지털 이미지의 최소 구성 단위입니다.

우리는 화소값의 범위를 0~255 사이의 정수(0과 255를 포함)로 정할 수 있습니다. 이 수치는 화소의 밝기를 의미합니다. 그중 0은 검은색을, 255는 흰색을 의미합니다. 우리는 화소를 작은 전구로 이해할 수 있는데, 화소값을 전구의 스위치라고 생각하면 됩니다. 0은 전구의 전원을 꺼버리는 것을 의미하므로 검은색이고, 255는 전구를 가장 밝게 조절하는 것과 같으므로 흰색입니다.

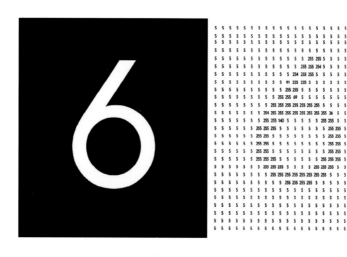

[그림 4-10]
'6'의 흑백 이미지와
화소 이미지

[그림 4-10]은 숫자 '6'의 흑백 이미지와 이에 대응하는 2차원 배열로된 화소값을 보여 줍니다. 2차원 배열 중 수치가 큰 구역은 정확히 숫자 '6'의 형태를 표시하였지만, 숫자 주변의 대부분 구역은 검은색이며 화소값도 매우 작습니다.

[그림 4-11]과 같은 영문 문자 'a'를 관찰해 봅시다. 왼쪽 이미지의 테두리는 지그재그[1]처럼 되어 있는데, 그 이유는 무엇일까요?

1) 지그재그(zigzag): 한자 '之'자 모양으로 직선을 좌우로 그어 나간 형상

[그림 4-11]
지그재그와 화소

이미지가 지그재그로 되는 원인은 화소의 개수와 연관이 있습니다. 한 장의 이미지는 화소의 배열로 구성되며, 각 화소는 작은 정사각형입니다. 화소는 이미지의 가장 작은 단위로서, 우리는 한 화소에 한 개의 화소값만 줄 수 있으며 더 이상 분할할 수 없습니다. 그러므로 물체의 테두리를 연결할 때 지그재그의 형태가 나타납니다. 모니터의 화소 밀도가 낮을수록 지그재그의 현상이 더 많이 나타납니다.

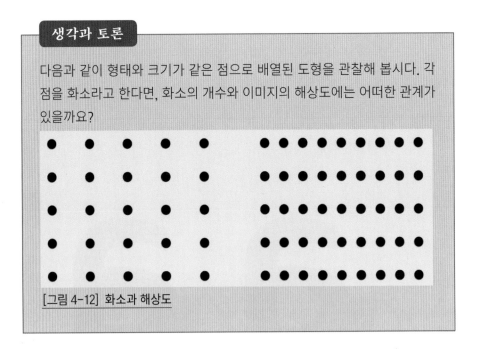

생각과 토론

다음과 같이 형태와 크기가 같은 점으로 배열된 도형을 관찰해 봅시다. 각 점을 화소라고 한다면, 화소의 개수와 이미지의 해상도에는 어떠한 관계가 있을까요?

[그림 4-12] 화소과 해상도

해상도

디지털 이미지는 화소로 구성되어 있습니다. 그렇다면 화소의 개수는 어떤 방법으로 확인할까요? 보통 디지털카메라가 얻은 이미지의 화소 개수는 디지털카메라의 해상도에 의해 결정됩니다. 이어서 해상도의 개념에 대해 알아보겠습니다.

디지털카메라로 사진을 찍을 때, 세밀하게 포착할 수 있는 정도를 해상도라고 하며, 화소로 해상도를 평가할 수 있습니다. 화소는 카메라의 감광 장치의 최소 단위이며, 화소가 밀접할수록 해상도가 높아집니다. 해상도는 보통 '열의 개수×행의 개수'의 방식으로 표시합니다.

열의 개수는 수평 방향으로 배열된 화소의 개수를 의미하고, 행의 개수는 수직 방향으로 배열된 화소의 개수를 의미합니다. 이 두 개의 숫자를 곱한 값이 바로 화소의 개수입니다.

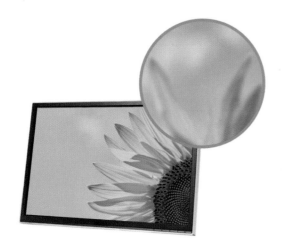

[그림 4-13] 해상도가 다른 모니터

우리가 디지털카메라로 사진을 찍을 때 640×480, 1024×768, 1600 ×1200 등 몇 개의 숫자 배열을 선택할 수 있습니다. 1600×1200을 예로 들면 촬영한 이미지의 수평 방향에는 1,600개의 화소가 있고, 수직 방향에 1,200개의 화소가 있으며, 이미지에 모두 200만 개의 화소가 있다는 것을 의미합니다. 이미지의 해상도는 이미지의 화소 개수와 크기에 의해 결정됩니다. 이미지의 단위 면적에 화소가 많을수록 이미지의 해상도가 높아집니다.

[그림 4-14] 사진과 화소

생각과 토론

해상도와 이미지의 선명도는 어떤 관계가 있을까요?

단원 정리

이 단원에서 컴퓨터 이미지의 데이터 구조를 자세하게 설명하였습니다. 흑백 이미지는 화소로 구성된 2차원 배열로 표시되며, 이 숫자 배열의 길이와 넓이의 수치는 이미지의 선명도를 결정하는 해상도를 나타냅니다.

[자체 평가]

학습 내용	학습 평가		
화소	☐ 매우 우수	☐ 우수	☐ 보통
2차원 배열	☐ 매우 우수	☐ 우수	☐ 보통
해상도의 정의와 선명도의 판단	☐ 매우 우수	☐ 우수	☐ 보통

4.3 이미지를 읽고 수정하기

앞에서 우리는 화소과 해상도를 학습하고 2차원 배열로 화소를 표시하는 법을 배웠습니다. 이어서 이미지를 읽고 다루는 과정을 알아보겠습니다.

컴퓨터로 이미지를 읽기

컴퓨터가 데이터를 읽을 때, 이미지의 화소 위치, 즉 2차원 배열의 인덱스[2]에 따라 한 개의 화소를 읽을 수 있습니다. 각 2차원 배열 요소의 값은 해당 위치에 있는 화소의 밝기를 나타냅니다.

2차원 배열에서 각 요소는 모두 인덱스 i와 j로 추적할 수 있습니다. 파이썬에서 인덱스는 0으로부터 시작됩니다. 만약 img로 디지털 이미지를 표시한다면, img[i, j]는 i+1행, j+1열의 화소를 의미합니다. 즉 img[0, 0]는 이미지의 첫 번째 행, 첫 번째 열에 있는 화소입니다. 프로그램을 만들 때, 우리는 pix = img[i, j]를 사용해서 화소를 변수 pix에 저장할 수 있습니다.

예를 들면 2차원 배열의 인덱스 (2, 3)에 해당하는 화소값은 이미지의 세 번째 행, 네 번째 열에 있는 화소의 밝기 정도를 나타냅니다.

다음 [그림 4-15]의 좌표계로 표현된 그림은 컴퓨터가 데이터를 읽는 과정을 쉽게 설명하고 있습니다. 좌표계에서 원점인 (0, 0)이 왼쪽 윗부분에 있다는 것은 이미지에서의 원점도 왼쪽 윗부분에 있다는 것입니다.

2) 인덱스(index): 배열에서 위치를 가리키는 숫자. 첨자라고도 합니다.

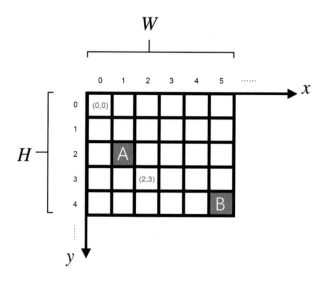

[그림 4-15]
좌표계로 표현한 이
미지 읽기

연습

A점과 B점이 표시하는 화소는 이미지에서 무엇을 의미합니까?

컴퓨터로 이미지 수정하기

앞에서 우리는 이미지를 읽는 방법을 배웠습니다. 이미지의 특정 화소를 읽는 것은 2차원 배열의 특정 요소를 읽는 것입니다. 이미지를 수정하는 것도 이와 같습니다. 이미지의 특정 화소를 수정하는 것은 2차원 배열의 특정 요소를 수정하는 것입니다.

파이썬에서 img[i, j] = pix를 사용하여 이미지의 (i, j) 화소값을 pix로 설정할 수 있습니다.

연습

넓이가 4화소이고, 높이가 4화소인 검은색 이미지의 중심에 2×2의 흰색 정사각형을 그리려 합니다. 2차원 배열을 어떻게 수정해야 될까요?

[그림 4-16-1] 이미지 수정 전

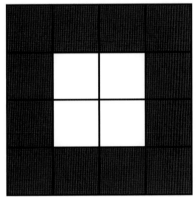

[그림 4-16-2] 이미지 수정 후

단원 정리

이미지 데이터 구조를 기반으로 이 단원에서는 이미지의 화소를 읽고 수정하는 방법을 설명하였습니다. 이 단원에서 배운 내용은 머신 비전[3]의 기초가 됩니다.

3) 머신 비전(Machine Vision): 기계에 인간이 가지고 있는 시각과 판단 기능을 부여해 사람이 인지하고 판단하는 기능을 구현한 기술

[자체 평가]

학습 내용	학습 평가		
이미지 읽기	☐ 매우 우수	☐ 우수	☐ 보통
이미지 좌표계	☐ 매우 우수	☐ 우수	☐ 보통
이미지 수정하기	☐ 매우 우수	☐ 우수	☐ 보통

4.4 컬러 이미지의 표시

2차원 배열로는 흑백 이미지만 나타낼 수 있으며 컬러 이미지를 나타낼 수 없습니다. 그렇지만 우리가 생활하고 있는 세상은 수많은 컬러가 어우러져 있는데, 어떻게 컬러 이미지를 나타낼 수 있을까요? 다음은 RGB 컬러 이미지의 표시 방식에 대해 알아보겠습니다.

RGB

우리가 그림을 그릴 때 '삼원색'(자홍색, 노란색, 청록색)을 사용하는데, 이러한 원색을 일정한 비율로 혼합하면 새로운 색을 만들 수 있습니다. 컬러 이미지도 이와 같은 원리입니다. 다만 다른 점은 컴퓨터의 '삼원색'은 자홍색, 노란색, 청록색이 아닌 빨간색, 초록색, 파란색이라는 것입니다. 즉 우리가 텔레비전의 설정 메뉴에서 볼 수 있는 'RGB'(Red, Green, Blue)를 말합니다. RGB를 컬러의 세 가지 '채널'(channel)'이라고 합니다.

컬러 이미지에서 RGB는 주로 사람의 눈에 있는 원추 세포라고 부르는 수백만 개의 감광성 세포와 연관이 있습니다. 우리의 원추 세포는 세 가지로 분류할 수 있는데, 각각 빨간색(장파), 초록색(중파), 파란색(단파)과 반응합니다.

사람의 감광성 세포와 유사하게 표현하기 위해 빨간색, 초록색과 파란색을 컴퓨터에서 컬러 이미지의 '삼원색'으로 사용합니다.

흑백 이미지의 경우는 각 화소 위치에 0~255 사이의 화소값을 부여

하여 화소의 밝기를 표시합니다. 반면 컬러 이미지는 각 화소에 빨간
색, 초록색, 파란색의 밝기를 나타내는 0~255 사이의 세 가지 화소값
을 부여합니다. RGB 세 가지 채널의 값을 서로 다른 비율로 조합하면
다양한 색상을 표시할 수 있습니다.

　[그림 4-17], [그림 4-18]과 같이 빨간색(R), 초록색(G), 파란색(B)이
라는 세 가지 채널이 있습니다. 각 채널의 화소값이 256개가 있으므로
빨간색, 초록색, 파란색은 모두 다른 밝기를 가진 256개의 색이 있습니
다. 따라서 RGB로 표시할 수 있는 컬러의 개수는 256×256×256 =
16,777,216입니다.

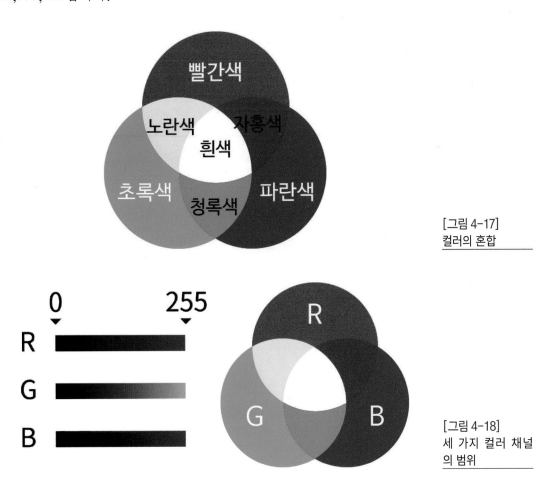

[그림 4-17]
컬러의 혼합

[그림 4-18]
세 가지 컬러 채널
의 범위

생각과 토론

1. 하나의 이미지에서 R의 밝기만 높이면 빨간색 빛의 성분을 증가하는 것과 같습니다. 그렇다면 이 이미지에는 어떠한 변화가 나타날까요? 만약 B의 밝기만 높인다면 파란색 빛의 성분을 증가하는 것과 같습니다. 그렇다면 이 이미지에는 또 어떠한 변화가 나타날까요?

2. R = 0, G = 0, B = 0이면, 어떠한 색이 나타날까요? R = 255, G = 255, B = 255이면 또 어떤 색이 나타날까요?

3. 만약 빨간색을 나타내려면 R, G, B의 값을 몇으로 설정해야 될까요? 만약 초록색을 나타내려면 R, G, B의 값은 몇으로 설정해야 될까요?

4. 다음은 RGB 값을 조정한 세 가지 이미지입니다. 어떻게 조정했을까요?

[그림 4-19] 컬러 이미지와 단일 채널의 표시

3차원 배열로 컬러 이미지 표시하기

컴퓨터는 어떻게 RGB 이미지를 저장할까요? 컬러 이미지를 정의하는 데이터 구조에 세 개의 2차원 배열이 있는데, 각각 R, G, B 채널의 화소 밝기에 해당합니다. 그러면 우리는 [그림 4-20]과 같이 세 개의 2차원 배열을 겹쳐서 입체적인 직육면체 '3차원 배열'을 만들 수 있습니다.

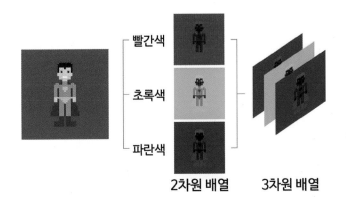

2차원 배열   3차원 배열

[그림 4-20]
3차원 배열로 컬러
이미지 저장하기

컬러 이미지를 읽는 방법은 흑백 이미지와 비슷합니다. 컬러 이미지는 박스를 세 개의 층으로 나누는 것과 같으며, 각 층은 RGB의 세 채널과 같습니다. 이미지를 읽을 때, 몇 행 몇 열인지 정확히 알아야 하며, 또한 몇 층에 있는지도 알아야 합니다.

단원의 정리

이 단원에서는 4.2와 4.3 단원에서 학습한 내용을 기초로 컬러 이미지에 대해 학습하였습니다.

RGB 컬러 채널을 사용해 컬러 이미지를 3차원 배열로 구현할 수 있다는 것을 배웠습니다. 그러므로 컬러 이미지는 각 컬러 채널의 화소 값을 정확히 읽어야 합니다.

[자체 평가]

학습 내용	학습 평가		
컬러 이미지의 데이터 구조의 정의, RGB 값 저장과 읽기	☐ 매우 우수	☐ 우수	☐ 보통
RGB 값을 수정하여 이미지의 컬러 바꾸기	☐ 매우 우수	☐ 우수	☐ 보통
3차원 배열	☐ 매우 우수	☐ 우수	☐ 보통

4.5 이미지 처리 알고리즘

[그림 4-21]을 보면 고양이를 쉽게 인식할 수 있습니다. 사람에게 이렇게 쉬운 일이 컴퓨터에서는 결코 쉽지 않습니다. 컴퓨터는 인간의 대뇌처럼 고도로 발달한 신경계(nervous system)가 없음으로 계산 기능만을 사용해 해결할 수 있는 문제가 아닙니다. 그렇다면 컴퓨터는 어떻게 고양이를 인식할까요? 컴퓨터는 이미지 처리, 이미지 분석, 이미지 식별과 이미지 인식과 같은 과정을 거쳐 고양이를 인식합니다. 이어서 이러한 기술의 기초인 이미지 처리 알고리즘에 대해 학습하겠습니다.

[그림 4-21]
고양이 이미지 처리

이미지 처리

이미지 처리란 이미지를 분석, 가공, 처리하는 과정을 통해 특정 요구 사항을 만족하거나 특정 효과를 구현할 수 있는 기술을 말합니다. 일반적으로 사용되는 이미지 처리 기술에는 기하학적 변환, 색상 조정, 노이즈 감소, 이미지 합성 및 이미지 분할 등이 포함됩니다.

이미지 처리의 응용은 어디서나 쉽게 볼 수 있습니다. 예를 들어 사람들은 스마트폰으로 사진을 찍은 다음, 사진 수정 앱으로 사진을 수정합니다. 단체 사진을 찍을 때 빠진 친구의 얼굴을 합성하기도 합니다. 화질이 낮은 이미지는 해상도를 높이는 방법으로 이미지의 품질을 더 좋게 만들 수 있습니다. 또한, 이미지 압축, 이미지 밝기 조절, 이미지의 대비 및 채도 조절 등이 모두 이미지 처리에 속합니다.

이미지 처리의 범위는 넓습니다. 이론적으로 컴퓨터로 이미지를 수정하거나 원하는 결과를 얻기 위한 과정은 모두 이미지 처리에 속합니다. 앞 단원에서 학습한 것과 같이 컬러 이미지는 3차원 배열되므로 저장되며, 모든 이미지 처리 작업은 3차원 배열로 실행됩니다.

[그림 4-22]
이미지 처리의 예

생각과 토론

우리의 일상생활에서 어떤 이미지 처리 기술이 사용되고 있는지 생각해 보세요.

얼굴 키포인트 추출

　이제 이미지 처리의 기본 사항을 알았으므로 이미지 변환을 사용하여 여러 가지 얼굴 표정을 모은 패키지를 만드는 방법에 대해 알아보겠습니다. 얼굴 표정 패키지 제작에 사용되는 중요한 기술은 얼굴의 핵심 포인트를 감지하는 것입니다. 얼굴 포인트 감지 기술은 얼굴 사진에서 포인트의 위치를 추출할 수 있으며, 이 포인트에는 매우 중요한 정보가 포함되어 있습니다. 68개 주요 포인트의 위치는 [그림 4-23]에 표시되어 있습니다.

[그림 4-23] 68개의 얼굴 포인트

왜 얼굴의 키포인트를 추출해야 할까요? 사람 얼굴의 이미지에는
얼굴 처리에 필요하지 않은 정보들도 포함되어 있습니다. 예를 들어
[그림 4-24]와 같은 이미지에는 얼굴 정보를 포함하고 있는 외에, 머
리카락이나 몸 등의 정보들이 있습니다. 이러한 정보는 얼굴 이미지
처리 작업에 도움이 안 되며 오히려 방해가 됩니다. 따라서 사람들은
이미지의 필요 없는 정보를 제거하고 주요 내용만 남기는 정보 필터링
방법을 고안했습니다.

정보 필터링의 가장 일반적인 방법은 얼굴 핵심 포인트 추출입니
다. 복잡한 이미지는 컴퓨터를 사용하여 여러 개의 포인트를 추출할
수 있습니다. 예를 들어 [그림 4-23]에는 68개의 포인트만 표시되어
있지만, 이러한 주요 포인트를 사용해 눈, 눈썹, 코, 입술 및 얼굴 윤곽
등이 어디에 있는지 알 수 있습니다. 이미지 처리를 사용하여 필요 없
는 정보(예: 머리카락)를 무시하고, 보다 효율적인 작업을 할 수 있습니다.

[그림 4-24] 방해 요소가 많은 얼굴 이미지

얼굴 키포인트 기술은 사용하는 포인트의 개수로 분류할 수 있습니다. 예를 들면 이 단원에서 사용된 얼굴 키포인트 기술은 68개의 키포인트 기술입니다.

이미지 변환

앞에서 얼굴 키포인트 기술을 배웠으므로 이제는 이미지 변환에 대해 학습하겠습니다. 이미지 변환은 흔히 볼 수 있는 이미지 처리 기술로서 스마트폰에 설치된 앱의 필터 효과, 왜곡, 부분 이동 등은 모두 이미지 변환에 속합니다.

이미지 변환은 한 개의 이미지에 일정한 변화를 주어 다른 이미지로 변화시키는 과정입니다. 이미지는 화소로 구성되었으며, 원본 이미지를 새로운 이미지로 변환하는 것은 원본 이미지의 화소를 새로운 이미지에 '대입'하는 것과 같습니다. 따라서 이미지 변환의 본질은 화소 사이의 대응 관계이며, 우리는 일반적으로 함수로 이러한 관계를 표시할 수 있습니다.

구체적으로 설명하면, 이미지 변환의 절차는 다음과 같습니다.

- (u, v)로 새로운 이미지의 (변환 후)의 좌표를 표시하며, $g(u, v)$는 좌표계의 화소값입니다.
- (x, y)로 원본 이미지의 좌표를 표시하며, $f(x, y)$는 좌표계의 화소값입니다.
- $M()$은 매핑 함수를 표시합니다.

- 새로운 이미지(변환 후)의 각 화소는 (u, v)입니다.

- 원본 이미지에서 대응점 (x, y): (x, y) = M(u, v)

- (u, v) 화소에 값을 부여합니다. g(u, v) = f(x, y) = f(M(x, y))

위의 절차를 다음과 같은 공식으로 정리할 수 있습니다.

g(u, v) = f(M(x, y))

다음에는 이모티콘을 제작할 때 사용되는 이미지 변형에 대해 설명하겠습니다.

이미지를 변형하는 효과는 점토 놀이와 같습니다. 예를 들어 [그림 4-25]의 캐릭터의 얼굴을 손으로 문지르면 여러 가지 표정으로 변형됩니다. 이러한 이미지 변형 기술을 사용하려면 사용자는 start, offset, radius라는 세 가지 변수를 설정해야 합니다.

[그림 4-25]
캐릭터의 표정

예를 들어 [그림 4-26]은 얼굴의 정면 사진입니다. 이 사진에서 코끝을 아래로 당기려면 어떠한 기술을 사용하여 효과를 구현할 수 있을까요?

먼저 우리는 어디에서 시작해야 하는지, 즉 코끝을 당기는 위치(시작점 [start])를 알아야 합니다.

그다음은 코끝을 늘리는 거리(위치 이동 [offset])를 알아야 하며, 또한 코끝을 자연스럽게 당기려면 코와 얼굴의 다른 부분도 동적으로 변경해야 합니다.

마지막으로 변화하는 범위(반경 [radius])가 필요합니다.

이 세 가지 제어 변수가 얼굴을 끌어당기는 효과를 정의합니다.

[그림 4-26]
얼굴 정면 사진

연습

[그림 4-26]의 원본 이미지 크기는 400×400, 코의 위치는 (240, 200), 늘리는 거리는 40, 영향 범위는 늘리는 거리와 동일하다고 가정하면, 다음과 같은 방식으로 제어 변수를 설정할 수 있습니다.

start: (240, 200)   코끝의 위치(240,200)를 나타냅니다.

offset: (0, 40)   아래로 40을 늘리고, 좌우 변동은 없음을 나타냅니다.

radius: 40   늘리는 반경이 40입니다.

위와 같은 명령을 실행하면 [그림 4-27]의 이미지가 나타납니다.

[그림 4-27]
얼굴 변환 결과

생각과 토론

[그림 4-27]은 코를 아래로 잡아당겨서 얻은 이미지입니다. 이 이미지에서 코를 같은 거리로 끌어 올리면 [그림 4-26]으로 되돌릴 수 있을까요?

단원 정리

이 단원에서는 이미지 처리 기술의 원리 및 응용에 관해 설명하였습니다. 이미지 처리 기술인 이미지 변환 및 얼굴 키포인트 추출을 사용해 사진 속 얼굴 표정을 수정하는 방법을 중점적으로 학습하였습니다.

[자체 평가]

학습 내용	학습 평가		
이미지 처리 기술 및 응용	□ 매우 우수	□ 우수	□ 보통
이미지의 변환과 변형	□ 매우 우수	□ 우수	□ 보통

4.6 움직이는 이모티콘 만들기

이 단원에서는 앞에서 학습한 이미지 처리 기술을 활용하여 움직이는 이모티콘을 만들어 보겠습니다.

[그림 4-28] 이모티콘 예시

사람의 표정은 여러 부위의 영향을 받으며, 그중 가장 중요한 부분
은 눈썹, 눈과 입입니다. 이러한 부위들을 늘리거나 줄이면 사진 속 얼
굴의 표정을 수정할 수 있습니다.

[그림 4-28] 얼굴 표정 늘리고 줄이기

인위적으로 눈썹, 눈과 입의 위치를 찾는 것은 다소 번거롭습니다.
그렇지만 이러한 위치들은 얼굴 키포인트 기술로 찾아낼 수 있습니다.
따라서 우리는 얼굴 키포인트 추출 기술로 이러한 작업을 완성할 수
있습니다. 이렇게 하면 보다 쉽게 이미지 변형 함수를 사용하여 새로
운 표정을 만들 수 있습니다.

[그림 4-30]
원본 이미지

　　움직이는 이모티콘을 만드는 작업은 한 장의 이미지를 수정하는 것과는 다릅니다. 한 번의 변형이 아닌 느린 이동으로 [그림 4-31]과 같이 점점 변해가는 이미지를 얻을 수 있습니다. 이러한 이미지들을 모아서 한 개의 gif 형식의 파일로 만들면 움직이는 이모티콘을 만들 수 있습니다.

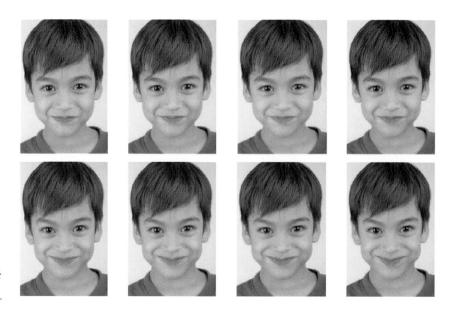

[그림 4-31]
움직이는 이모티콘
이미지의 순서

이모티콘을 만드는 과정

① 얼굴 키포인트로 변형하려는 화소를 찾습니다.

② 각 화소에 변수를 설정하고 변형 함수를 사용하여 점차 변화하는 이미지들을 만듭니다.

③ 이러한 이미지들을 gif 형식의 파일로 만들어 움직이는 이모티콘을 완성합니다.

생각과 토론

친구들과 이모티콘을 만들어서 누구의 이모티콘이 가장 재미있는지 비교해 보세요.

단원 정리

이 단원에서는 이미지 처리의 실제 예제와 이미지를 변형하여 gif 형식 파일의 움직이는 이모티콘을 만드는 방법을 자세히 설명하였습니다. 구체적으로 말하면, 먼저 얼굴 키포인트 추출 기술로 표정과 연관된 포인트들을 찾아내고, 이러한 포인트를 변형하여 얻은 이미지들을 gif 형식의 파일로 만들어 움직이는 이모티콘을 완성하였습니다.

[자체 평가]

학습 내용	학습 평가		
이모티콘 제작 시 얼굴 키포인트 추출 기술 응용	☐ 매우 우수	☐ 우수	☐ 보통
얼굴 키포인트 추출과 이미지 변형, 움직이는 이모티콘 제작	☐ 매우 우수	☐ 우수	☐ 보통

이 장의 요약

이 장에서 이미지 처리 시스템 및 디지털 장치에 대해 학습했습니다.

또한, 실생활의 물체가 어떻게 컴퓨터 이미지 데이터로 변환되는지에 대해 알아보고, 디지털 장치는 물체를 감광기에 투영하며, 이미지를 기록하고, 특정한 차원의 배열에 저장한 다음, 컴퓨터에서 이미지를 읽고 처리한다는 것을 이해하였습니다.

또한, 이미지 데이터는 3차원 배열에 저장되고, 이미지의 컬러는 컬러 채널에 의해 결정된다는 것을 배웠습니다.

그리고 이미지 처리 기술인 이미지 포인트에 대해 자세히 학습하였으며, 얼굴 키포인트 추출 기술과 gif 파일로 움직이는 이모티콘을 만드는 방법도 배웠습니다.

제5장 기계학습(머신러닝) 기초

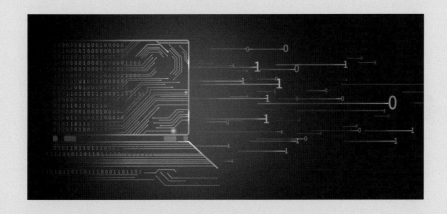

다이아몬드는 세계적으로 가장 귀중한 보석으로 매우 견고합니다. 다이아몬드는 오랜 세월이 지나도 여전히 찬란한 광택을 유지할 수 있기에 영원한 사랑의 상징이 되었습니다. 그렇다면 다이아몬드의 가격이 궁금해질 것입니다. 사실 다이아몬드의 가격은 많은 속성의 영향을 받습니다. 특히 무게, 투명도, 절단 형태 등이 가격에 큰 영향을 줍니다. 다이아몬드의 가격에 영향을 주는 속성은 많지만, 전문가에게는 어려운 문제가 아닙니다. 전문가들은 다이아몬드의 크기와 투명도만 보아도 가격을 빠르게 판단할 수 있습니다. 어떻게 가능할까요?

알고 보면 매우 간단합니다. 바로 오랫동안 쌓아온 경험의 결과입니다. 수십 년 동안 다이아몬드 전문가는 크고 작은 수많은 다이아몬드를 감정하였으며, 거래 가격을 잘 알고 있습니다. 이 과정에서 전문가는 다이아몬드의 가격이 결정되는 규칙과 가격에 영향을 주는 다양한 속성을 파악할 수 있습니다. 이것은 많은 관찰로부터 학습하는 과정입니다. 과거에는 인간만이 이러한 특별한 학습 능력을 가지고 있었지만, 지금은 인공지능 기술의 발전에 따라 기계도 이런 능력을 가지고 있습니다.

기계학습(머신러닝)이란, 기계가 사람이 학습하는 행위를 따라 하는 것을 말합니다. 관찰이나 실천으로부터 판단, 예측, 추리력을 얻게 되는 과정입니다.

기계가 '학습'을 하다니! 너무 신기하지 않나요? 하지만 이러한 현상은 머나먼 판타지 소설이 아니라, 이미 광범위하게 우리 실생활에 응용되고 있는 기술입니다. 실생활에 인공지능이 응용된 얼굴 인식, 음성 인식, 맞춤형 추천 등은 모두 기계학습 기술로서 인공지능이 문제에 관해 결정을 합니다.

이어서 기계가 어떻게 학습을 하는지 알아보겠습니다. 또한, 이 장에서 배운 지식을 활용하여 다이아몬드 전문가처럼 다이아몬드 거래 데이터를 바탕으로 가격이 결정되는 규칙을 파악하는 프로그램을 만들어 볼 것입니다.

5.1 예측이란 무엇인가

앞에서 설명했듯이, 다이아몬드 전문가는 다이아몬드의 무게와 기타 속성을 바탕으로 가격을 예측합니다. 이러한 속성을 관찰하여 관련된 수치를 추정하는 과정을 예측(predict)라고 하며, 때로는 추리(inference)라고 합니다.

예측은 지능의 중요한 표현 형식입니다. 우리는 매일 생활하면서 끊임없이 [그림 5-1]과 같은 예측을 하게 됩니다.

[그림 5-1] 1. 부모님의 기분을 예측합니다.　　　　　2. 음식의 맛을 예측합니다.
　　　　　 3. 소리를 통해 바람의 세기를 예측합니다.　4. 체형과 키로 몸무게를 예측합니다.

생각과 토론

1. 일상생활에서 어떠한 예측을 할 수 있습니까?
2. 이러한 예측에서 어떠한 속성 또는 근거로 결론을 추리할 수 있습니까?

디지털화: 기계와 현실 세계 연결

우리는 일상생활에서 습관적으로 많은 예측을 하고 있습니다. 하지만 기계는 인간만큼 똑똑하지 않습니다. 기계는 얼굴 표정, 요리, 바람 소리 등과 같은 우리 삶의 많은 개념을 이해하지 못합니다. 기계의 세계에는 숫자만 있습니다. 따라서 기계가 예측을 하려면 먼저 실제 세계와 기계 세계를 연결하고 관찰된 속성을 숫자로 표현해야 합니다. 이 과정을 디지털화라고 합니다.

속성이 다르면 디지털화 방법도 다릅니다. 다이아몬드 전문가의 예로 돌아가서, 다이아몬드는 무게, 투명도 및 절단 형태를 포함하여 여러 가지 다른 속성을 갖고 있습니다. 이러한 다양한 속성은 다양한 방식으로 디지털화됩니다. 예를 들어 무겟값은 저울로 무게를 측정하여 직접 얻을 수 있습니다(다이아몬드 무게 단위는 캐럿). 투명도는 이물질의 포함 정도에 따라 무결점 등급에서 이물질 포함 등급까지 여러 등급으로 나눌 수 있습니다. 아래 [표 5-1]처럼, 디지털화 과정에서 다른 등급에 대해 다른 숫자를 부여할 수 있습니다.

169

[표 5-1] 다이아몬드 등급 디지털화

등급	내용	숫자 표시
FL	표면과 내면에 어떠한 이물질이 없다.	0
IF	눈에 보이는 이물질이 없다.	1
VVS	내부에 잘 보이지 않는 이물질이 소량 존재한다.	2
VS	내부에 미세하게 보이는 이물질이 소량 존재한다.	3
SI	눈에 보이는 이물질이 존재한다.	4
I	눈에 잘 보이는 이물질이 존재하면 광택에 영향을 준다.	5

디지털화를 거친 후, 한 사물을 숫자로 표시할 수 있습니다. 예를 들어 0.5캐럿의 다이아몬드의 등급이 3급이라면 (0.5, 3)으로 표시할 수 있습니다. 우리는 이렇게 특정한 인덱스로 구성된 숫자 배열을 벡터라고 부르며, 그 숫자의 개수를 벡터의 차원이라고 부릅니다. 예를 들어 (0.5, 3) 배열은 2차원이므로 2차원 벡터라고 부를 수 있습니다.

연습

1. 위의 디지털화 방식에 따라 다이아몬드의 벡터를 표시하시오.
   a) 1캐럿의 FL급 다이아몬드
   b) 0.3캐럿의 SI급 다이아몬드

2. 날씨는 우리가 일상생활에서 매일 관심을 가지는 부분입니다. 일반적으로 일기 예보는 우리에게 다음과 같은 지표[1]를 제공합니다.
   a) 날씨의 상태(맑음, 흐림, 비)
   b) 기온

1) 지표(指標): 방향이나 목적, 기준 따위를 나타내는 표지

c) 바람

d) 습도

[그림 5-2] 향후 며칠간의 온도, 일기 예보 및 24시간의 온도 예측

위의 지표에 따라 4차원 벡터로 날씨를 표시하시오.

예측 함수: 관찰에서 결론으로 매핑

디지털화 과정을 통해 기계는 예측해야 할 것들을 디지털로 표현할 수 있습니다. 인간은 판단과 예측을 할 때는 복잡한 심리적 과정을 거쳐야 하는데, 이러한 과정을 숫자만 이해하는 기계에 직접 표시하기는 어렵습니다. 따라서 현대의 인공지능은 이러한 예측 과정을 수학 함수를 사용해 단순화된 알고리즘으로 기계에 구현하고 있습니다. 이 함수를 예측 함수라고 합니다.

함수

간단히 설명하면, 함수는 일정한 범위의 각 집합에 수치를 입력하면 함수를 통해 하나의 출력값이 대응하게 됩니다. 함수는 공식은 계산을 하거나 곡선 그래프를 사용해 완성할 수 있습니다. 수학 시간에 우리는 정비례함수, 반비례함수, 일차함수, 이차함수 등 다양한 기본 함수를 배웠습니다. 다음 [그림 5-3]은 몇가지 함수의 예를 보여 줍니다.

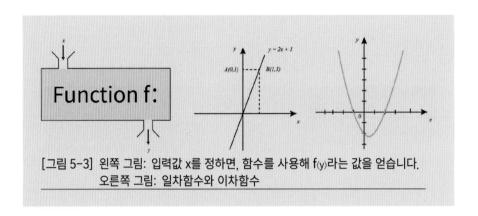

[그림 5-3] 왼쪽 그림: 입력값 x를 정하면, 함수를 사용해 f(y)라는 값을 얻습니다.
오른쪽 그림: 일차함수와 이차함수

    그렇다면 어떠한 함수를 사용해 예측할 수 있을까요? 이 문제에는 사실 확실한 답이 없습니다. 예측 함수는 주어진 문제에 따라 달라집니다. 하지만 우리는 일반적으로 쓰이는 방법으로 예측 함수가 적합한지, 예측한 결과가 실제 상황에 부합하는지 판단할 수 있습니다. 좋은 예측 함수의 예측 결과는 실제 상황과 거의 일치해야 합니다.

    다이아몬드 가격의 예측에서, 투명도와 절단 형태가 같다는 조건에서 다이아몬드의 가격은 주로 무게(캐럿)에 따라 결정됩니다. 다음의 [표 5-2]는 16가지 다이아몬드의 무게와 가격을 보여 줍니다.

[표 5-2] 다이아몬드의 무게와 가격(단위: 캐럿/백만 원)

무게	가격	무게	가격	무게	가격	무게	가격
3	30	1	7	1	5	1	1
3	20	3	18	3	25	1	4
2	16	3	21	3	24	2	10
2	20	2	8	2	6	4	50

[표 5-2]에서 우리는 다이아몬드의 무게가 클수록 가격이 더 높다
는 것을 알 수 있습니다. 하지만 수학 공식으로 무게와 가격의 직접적
이고 정확한 관계를 표시하기에는 다소 어려움이 있습니다. 이러한 문
제를 해결하기 위해 널리 알려진 도구인 도표를 사용합니다. 숫자표에
비해 도표는 더 직관적으로 수치 사이의 관계를 나타냅니다. [그림
5-4]에서 우리는 가로축에 무게를 표시하고, 세로축에 가격을 표시하
였습니다. 다이아몬드를 좌표계에 표시할 수 있는데, 좌표는 무게와
가격을 나타냅니다. 이러한 도표를 산포도(분산형 차트)라고 합니다.

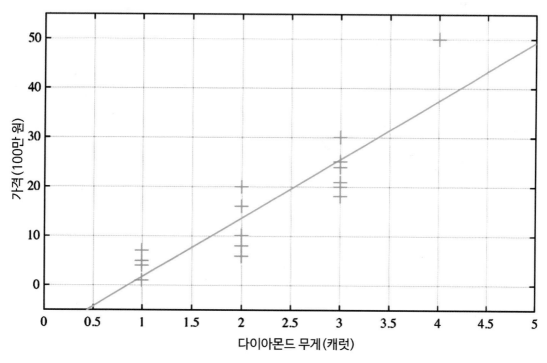

[그림 5-4] 산포도 x 축은 다이아몬드의 무게이고, y 축은 다이아몬드의 가격입니다. 그림의 '+' 기호는 다이아몬드
입니다. 초록색 선은 이러한 다이아몬드의 데이터를 바탕으로 만들어진 예측 함수이며, 다이아몬드의 무게와 가격
사이의 관계를 표시합니다.

이 산포도에서 가격과 무게의 관계는 직선이라는 것을 선명하게 나타내고 있습니다. 우리는 이러한 예측 함수를 다음과 같은 일차함수로 설정할 수 있습니다.

$y = ax + b$

여기서 x와 y는 각각 입력(무게)과 출력(가격)을 나타냅니다. 함수에는 기울기 a와 절편[2] b라는 두 가지 수치를 포함합니다. 이러한 예측 함수를 정의할 때 필요한 수치를 매개변수라고 합니다.

2) 절편:좌표 평면 위의 직선(함수의 그래프)이 x축과 만나는 점의 x좌표와 y축과 만나는 점의 y좌표를 통틀어 이르는 말

일차함수

우리는 x와 y의 데이터는 $x0y$ 직각 좌표 평면의 점에 대응한다는 것을 알고 있습니다. 그러면 $y = ax + b$와 같은 함수는 평면에서 어떠한 기하 도형으로 나타날까요?

[표 5-3] x와 y의 수치 관계

x	0	1	2	3	4	5	6	7
$y = 6 - 1.5 * x$	6	4.5	3	1.5	0	−1.5	−3	−4.5

2차원 평면에 차례로 [표 5-3]의 점들을 그리면, 이 데이터들은 2차원 평면의 직선으로 나타난다는 것을 관찰할 수 있습니다. 일반적으로 $y = ax + b$는 직선으로 나타나고, 이 직선의 일차함수는 $y = ax + b$입니다.

직선의 각도와 위치가 확정되면 고유한 표현식이 정해집니다. 반대로 2차원 평면에 직선을 그리면, a와 b를 확정할 수 있습니다. $x = 0$인 경우, 직선은 y축의 $(0, b)$와 교차합니다. 직선과 y축의 교차점을 확인하면, b의 값을 확정할 수 있습니다. 여기서 b를 직선의 절편이라 합니다.

두 점이 한 직선을 확정하므로 절편이 $(0, b)$인 경우, 직선의 점 (x, y)를 얻을 수 있으며, $a = (y - b)/x$로 a의 값을 구할 수 있습니다. a를 기울기라고 하며, a의 값이 클수록 직선은 수직에 가깝습니다.

매개변수의 구체적인 수치는 아래의 그림과 같이 간단하게 구할 수 있습니다.

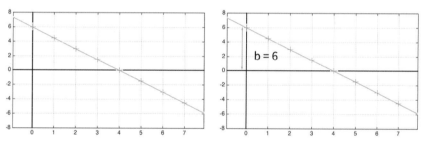

$y = ax + b$
$b = 6$
$(4, 0)$이라는 점을 취한다.
$1 = (0 - 6)/4 = -1.5$

[그림 5-5] 기울기 a의 계산

$y = ax + b$는 수직선을 포함하지 않으므로, $ax + by + c = 0$이라는 직선 표현식을 사용합니다. a의 값이 0인 경우 수평 직선을 나타내고, b의 값이 0인 경우 수직 직선을 나타냅니다.

다시 다이아몬드의 예로 돌아가면, 우리는 모눈종이에 [그림 5-4]와 같이 다이아몬드의 (무게, 가격) 데이터 점의 위치를 기록할 수 있습니다. 그리고 점들이 데이터의 양측에 분포되도록 그려 직선으로 다이아몬드의 무게와 가격의 관계를 표시할 수 있습니다. 모눈종이의 길이로 직선의 기울기 a와 절편 b를 구할 수 있습니다. 이렇게 하면 다이아몬드의 가격과 무게의 경험적 관계 공식을 얻을 수 있습니다.

이어서 확정된 가격과 무게의 경험적 관계 공식으로 다이아몬드의 가격을 예측해 보겠습니다.

예제

앞에서의 예측 함수로 무게가 각각 0.5캐럿, 1.5캐럿, 2.0캐럿인 다이아몬드의 가격을 구해 보시오.

```
a = 1              # 기울기
b = 1              # 절편
xs = [0.5, 1.5, 2.5]
for x in xs:
    print(a*x+b)
```

이 예제 프로그램에서 우리는 먼저 직선의 기울기와 절편에 값을 주었습니다. 그리고 가격을 예측하고자 하는 다이아몬드를 경험적 관계 공식에 대입하여 예측된 가격의 값을 구할 수 있습니다.

이 단원에서 배운 지식으로 가격-무게의 경험적 관계 공식을 얻었으며, 다른 다이아몬드 데이터에도 적용할 수 있습니다.

연습

앞에서의 예측 함수로 각각 0.3캐럿, 0.5캐럿, 0.8캐럿 다이아몬드의 가격을 예측해 보시오.

아돌프 케틀레[3]는 벨기에의 수학자·통계학자·천문학자입니다. 그는 대량의 조사를 통해 정상적인 체형을 가진 사람의 체중과 키의 제곱은 선형에 접근하는 관계가 있다는 것을 발견하였습니다. 이것을 평가하기 위해, 그는 100명의 키와 몸무게 데이터를 수집하여 bodyhm이라는 데이터를 만들었습니다. 앞에서 학습한 예측 함수 방법으로 20개의 점들을 무작위로 선택하여 키에 대한 몸무게를 예측하는 공식을 도출해 보시오.

[그림 5-6] 아돌프 케틀레

3) 아돌프 케틀레(Adolphe Quetelet, 1796~1874): BMI 지수를 처음으로 제안하였습니다. 사회과학에 통계학을 적용함으로써 근대 통계학의 아버지로 불립니다.

단원 정리

이 단원에서는 주로 일차함수를 사용하여 다이아몬드 가격을 예측하는 방법을 학습하였습니다. 일차함수의 절편과 기울기는 모두 함수의 매개변수이며, 일차함수에서 x는 독립변수로서 함수의 입력이며, 예측된 값은 함수의 출력입니다. 다음 단원에서는 데이터가 확정된 상황에서 함수가 데이터를 정확하게 예측하고 평가하는 방법을 알아보겠습니다.

[자체 평가]

학습 내용	학습 평가		
함수를 사용하여 데이터를 예측할 수 있다.	☐ 매우 우수	☐ 우수	☐ 보통
매개변수에 대한 이해	☐ 매우 우수	☐ 우수	☐ 보통
도표에서 일차함수의 절편과 기울기를 구하는 방법	☐ 매우 우수	☐ 우수	☐ 보통

5.2 예측 함수 평가(Test)

한 문제에 대해 여러 가지 다른 예측 함수를 사용해 볼 수 있습니다. 우리가 기울기 a와 절편 b를 다른 값으로 설정하면, [그림 5-7]과 같은 여러 가지 다른 예측 함수를 얻을 수 있습니다.

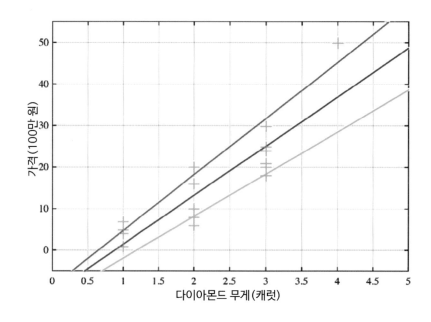

[그림 5-7]
기울기와 절편이 다르면 동일한 데이터에 대해 다른 예측 함수를 생성한다

178

[그림 5-7]에서 우리는 예측 함수에 따라 판단 정확도(Accuracy)가 다르다는 것을 알 수 있습니다. 파란색 직선으로 표시된 예측 함수와 실제 데이터는 기본적으로 비슷하지만, 다른 직선으로 표시된 함수는 비교적 차이가 큽니다. 그렇지만 이것은 직관적인 관찰에 불과하며 실제 응용에서 수치화된 방법을 사용해 예측 함수의 정확도를 평가할 수 있습니다.

실제로 예측 함수의 평가는 일반적인 평가 방법과 매우 비슷합니다. 예를 들어 다이아몬드 가격의 예측 함수는 무게를 기준으로 가격을 예측합니다. 각 평가에서 예측 함수에 가중치를 입력하고 해당 가격을 예측한 다음, 예측값을 실제 가격(표준 답안)과 비교하여 편차가 얼마나 되는지 확인할 수 있습니다. 여기에서 예측값과 실제값의 차이를 예측 오차라고 하며, 다음과 같은 수학 공식으로 계산할 수 있습니다

예측 오차 = (예측값 − 실제값)^2

예를 들면 문제 하나만을 평가해서 학생의 학습 수준을 판단하기에는 충분하지 않습니다. 예측 함수에 대해서도 마찬가지입니다. 실제로 인공지능 분야에서는 예측 함수를 평가하기 위해 샘플 데이터 세트를 준비하며, 예측 함수 평가에 사용되는 샘플 데이터 세트를 테스트 세트라고 합니다. 평가 과정에서 예측 함수로 각 샘플을 개별적으로 예측하고, 마지막으로 모든 샘플에 대한 예측 오류의 평균값을 계산하여 예측 함수 전체를 평가하는 데 사용합니다. 평균 예측 오차가 작을수록 예측이 더 정확하다는 것을 나타냅니다.

예제

보석 가게에 다이아몬드 3개가 진열되어 있습니다. 다이아몬드의 무게는 각각 0.2캐럿, 0.4캐럿 및 0.6캐럿이며, 가격은 각각 100만 원, 400만 원, 700만 원이라고 할 때 앞에서 배운 다이아몬드 가격-무게의 공식으로 3개의 다이아몬드에 대한 평균 예측 오차를 확인하시오.

```
a = 1                        # 기울기
b = 1                        # 절편
xs = [0.2, 0.4, 0.6]
prices = [1, 4, 7]           # 단위 백만 원
sum_err = 0
for x, price in zip(xs, prices):
    sum_err += (a*x+b-price)**2
print(sum_err/len(xs))
```

이 예제에서 각 다이아몬드의 실제값과 예측값의 오차를 비교하였으며, 오차를 sum_err 변수에 누적하였습니다. 그리고 이 변수를 다이아몬드 개수로 나누어 평균 예측 오차를 얻었습니다.

물론 이 예제에서는 아주 적은 수의 다이아몬드를 다루었지만, 실제 기계학습에서는 대규모 데이터를 사용하여 예측 함수를 평가합니다.

연습

1. diamond.test의 테스트 세트에 더 많은 다이아몬드 가격-무게 데이터를 저장하고, [그림 5-7]과 같이 세 가지 함수의 평균 예측 오차를 계산하여 결과가 여러분의 예상과 일치하는지 확인하시오.
2. 앞에서 우리는 키에 따른 몸무게를 계산하는 예측 함수를 얻었습니다. bodyhm.test의 테스트 세트에서 이 예측 함수의 평균 예측 오차를 계산하시오.

단원 정리

이 단원에서 예측 함수를 평가하는 오차 함수를 학습하였습니다. 작업에 따라 오차 함수의 형식도 다양합니다. 여기서는 가장 간단한 제곱 평균 함수를 배웠습니다. 예측 함수와 실제 데이터의 차이가 클수록 전체 오차도 커집니다. 오차가 적은 예측 함수를 찾는 것이 바로 기계학습 알고리즘의 목표입니다.

[자체 평가]

학습 내용	학습 평가		
물체의 속성을 디지털화하기.	☐ 매우 우수	☐ 우수	☐ 보통
오차 함수의 구현	☐ 매우 우수	☐ 우수	☐ 보통
예측 함수 평가하기.	☐ 매우 우수	☐ 우수	☐ 보통

5.3 데이터 기반으로 학습하기

다이아몬드의 가격을 예측하는 문제에서 예측 함수를 $y = ax + b$라는 일차함수로 정의하였으며, 간단한 기하 도형 계산으로 매개변수인 기울기 a와 절편 b를 확정하였습니다.

생각과 토론

앞에서 소개한 도표와 기하학적 계산 방법으로 매개변수를 확정하는 방식
을 실제로 응용할 경우 어떤 어려움이 발생할까요?

위의 토론에서 도표를 사용해 계산하는 간단한 방법으로는 매개변
수를 확정하는 것이 매우 어렵다는 것을 알 수 있습니다. 이어서 매개
변수를 자동으로 결정할 수 있는 새로운 방법, 즉 지도학습을 배우도
록 하겠습니다. 지도학습은 기계학습에서 매우 중요한 방법이며, 또한
인공지능의 실제 응용에서 광범위하게 사용되고 있습니다. 우리의 생
활 속에서 볼 수 있는 얼굴 인식, 음성 인식, 자동 번역, 메일 필터링 등
의 예측 모델은 인공지능의 지도학습을 사용해 이루어집니다.

지도학습 개요

기계학습의 기본 개념은 특정 알고리즘으로 주어진 데이터에서 최적
의 매개변수를 자동으로 설정하는 것입니다. 일반적으로 '훈련'이라고
불리는 이 과정에는 다음과 같은 세 가지 중요한 부분이 포함됩니다.

1) 훈련 데이터

데이터는 훈련의 기초 자료입니다. 일반적으로 지도학습의 훈련 데
이터에는 입력값과 출력값을 비롯한 여러 세트의 지도학습 샘플이 포
함되어 있습니다. 이러한 샘플 세트를 훈련 세트라고 합니다. 다이아

몬드 가격 예측의 문제에서 지도학습 샘플마다 무게와 가격이 포함되어 있습니다. 앞에서 학습한 도표(diagram)는 훈련 세트의 일부 샘플을 보여 줍니다.

실제 훈련에서 훈련 데이터를 준비하는 것은 전체 지도학습 과정에서 시간이 가장 많이 필요하고, 큰 대가가 필요한 과정입니다. 예를 들어 이미지를 식별하는 훈련은 이미지가 많을 뿐만 아니라 이미지의 분류 정보(강아지인가 아니면 꽃인가?)가 포함되어 있습니다. 인터넷에서 많은 이미지를 편리하게 얻을 수 있지만, 이미지를 분류하는 것은 많은 인력과 시간이 필요합니다.

2) 훈련 목표

우리는 공부할 때, 좋은 성적을 얻는 것과 같은 특정한 목표를 두고 노력합니다. 기계학습도 이와 같습니다. 앞에서 설명했듯이 예측 함수의 평가는 주로 예측값과 실제값의 오차를 비교하는 것입니다. 지도학습에는 완벽한 훈련 샘플이 있습니다. 따라서 훈련 목표는 훈련 샘플에서 평균 오차를 최소화하는 것입니다.

생각과 토론

1. 왜 학습 목표는 다른 샘플이 아닌 훈련 샘플의 예측 오차를 줄이는 것인가요?
2. 훈련 샘플의 오차를 줄이는 데 집중하면 어떤 문제가 발생할까요?

3) 훈련 알고리즘

목표를 설정한 다음에는 목표를 달성하기 위한 구체적인 단계가 필요합니다. 훈련 세트에서 목표에 대한 최적의 매개변수를 찾아서 일련의 과정을 설정하면 훈련 알고리즘이 구성됩니다. 인공지능 분야에서 훈련 알고리즘에 대한 연구는 가장 활발한 과제였습니다. 지난 수십 년 동안 인공지능 과학자들은 훈련 알고리즘의 효과를 개선하기 위해 지속적으로 노력해 왔으며, 이러한 노력에 의해 인공지능 기술이 획기적으로 발전했습니다.

생각과 토론

앞에서 우리는 어떤 예측 함수가 좋은 예측 함수인지 토론했습니다. 그러면 좋은 훈련 알고리즘이란 어떤 알고리즘일까요? 훈련 알고리즘은 어떤 부분을 평가해야 할까요?

평가와 수정: 간단한 학습 전략

학습은 자신을 끊임없이 향상하는 과정입니다. 학습 과정에서 자주 사용하는 효과적인 전략은 바로 평가와 수정입니다. 예를 들어 우리가 수학 문제를 풀 때, 답안을 보지 않고 본인의 이해와 사고를 근거로 결과를 얻은 다음 표준 답안과 대조해 볼 수 있습니다. 만약 결과가 틀리면, 잘못된 부분을 찾아낸 다음 맞춤형으로 수정합니다. 이것은 기계학습의 일반적인 전략이기도 합니다.

그러면 이러한 전략은 컴퓨터에서 어떻게 구현될까요? [그림 5-8]
과 같은 예를 들어보겠습니다.

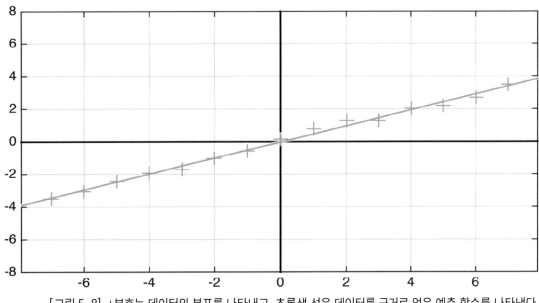

[그림 5-8] +부호는 데이터의 분포를 나타내고, 초록색 선은 데이터를 근거로 얻은 예측 함수를 나타낸다

[그림 5-8]에서 출력값 y와 입력값 x는 원점 지나가는 선형 관계라
는 것을 알 수 있습니다.

따라서 예측 함수 형식을 $y = ax$로 설정할 수 있습니다. 이 함수에는
매개변수 a가 있으며, 우리는 지도학습을 통해 최적의 a 값을 구하려
고 합니다.

다음은 평가와 수정 전략에 기반한 알고리즘을 설명하겠습니다.

선형 함수의 평가와 수정 알고리즘

훈련 세트: $(x_1, y_1), \cdots, (x_n, y_n)$
매 회 하나의 점(x_i, y_i)을 선택하여 다음과 같은 수정을 진행합니다.

185

1. (평가) 예측 오차 계산: $e_i = y_i - ax_i$
2. (수정) 매개변수 a 수정: $a \leftarrow a + \lambda e_i x_i$

여기에서 λ는 크기를 업데이트하는데 사용되는 작은 계수로서 일반적으로 스텝 크기 계수(step size coefficient)라고 합니다. 이 수정은 반복 횟수에 도달하거나 평균 오차가 미리 결정된 수준으로 감소할 때까지 반복합니다.

매개변수를 업데이트하기 위해 다른 데이터의 점에서 유사한 작업을 지속적으로 반복하는 알고리즘을 반복 알고리즘이라고 합니다. 이는 지속적인 평가와 수정을 통해 구현할 수 있습니다.

예제

훈련 세트인 x와 y가 각각 [0, 2, 4, 6]과 [0, 4, 8, 12]인 경우, $y = ax$에서 a의 계수를 구해 보시오.

```
import random
xs = [0, 2, 4, 6]
ys = [0, 4, 8, 12]
a = 0
learn_speed = 0.01
for_in range(100):
    i = random.randint(0, len(xs)-1)
    e = ys[i] - a*xs[i]
    a = a + learn_speed*e*xs[i]
print(a)
```

이 예제에서 우리는 반복 알고리즘을 사용하여 100번 반복을 진행하여 계수 a의 값을 얻었습니다. 여기서 a가 2에 도달하면, 실제로 모든 e는 0과 같다는 것을 알 수 있습니다. 즉 a가 2에 가까울수록 a의 값은 변하지 않습니다.

생각과 토론

앞에서 설명한 평가와 수정 알고리즘은 간단하지만, 검토할 만한 흥미로운 문제가 많습니다.

1. 예측값 ax_i가 실제값 y_i보다 작으면, 알고리즘은 매개변수 a에 x_i를 계속 더하여 작은 계수를 곱합니다. 여기서 업데이트에 빼기 대신 더하기를 사용하는 이유는 무엇일까요?

2. 알고리즘에서 설명했듯이, 비교적 작은 계수를 선택하는 이유는 무엇일까요? 계수가 크면 어떤 문제가 있습니까?

3. 예측 오차가 작아지면 업데이트의 크기에는 어떠한 변화가 나타납니까?

이어서 이 알고리즘을 컴퓨터로 구현해 보겠습니다.

연습

1. 위의 선형 함수의 평가와 수정 알고리즘을 구현해 보시오.

2. simple-lin 데이터 세트에서 입력과 출력은 원점을 지나가는 선형 관계를 나타냅니다. 이러한 알고리즘으로 예측 함수에서 계수 a의 값을 구해 보시오. (계수를 0.01로 설정)

3. 다양한 계수(0.00001부터 1000까지)를 평가하여 스텝 크기 계수가 훈련 과정에 어떤 영향을 주는지 관찰하고, 적합한 스텝 크기 계수를 선택하는 방법을 설명하시오.

[그림 5-9]는 알고리즘으로 계수를 수정하는 과정을 보여 줍니다.

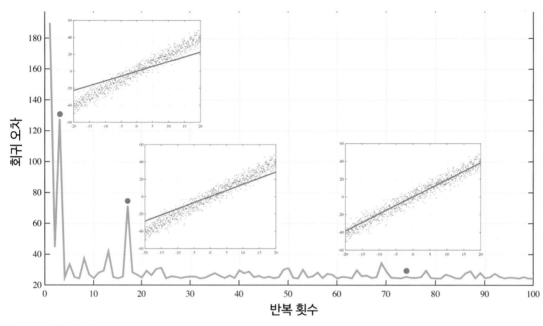

[그림 5-9] 알고리즘 수정 과정

이 알고리즘은 실제로 기계학습에서 현재 널리 사용되는 확률적 기울기 하강 알고리즘의 여러 가지 경우 중 하나입니다. 예제는 간단하지만, 알고리즘은 다음과 같은 공통적인 특징을 보여 줍니다.

- 반복적인 수정을 통해 점차적으로 최적의 매개변수에 근접합니다.
- 오차의 피드백에 따라 오차는 업데이트 방향을 나타낼 뿐만 아니라 업데이트 크기를 제어합니다. 오차가 클수록 업데이트 크기가 커집니다. 오류가 0이면(특정 지점에 대한 예측이 완전히 정확함) 업데이트 되지 않습니다.
- 훈련 과정이 반복되지만, 스텝 크기 계수의 선택이 적절하면 훈련 목표를 향해 진행됩니다. (평균 예측 오차 감소)

다이아몬드 가격 예측 문제로 돌아가서 다음의 연습을 통해 기계학습으로 예측 함수를 작성하는 방법을 알아보겠습니다.

연습

1. 테스트 플랫폼은 확률적 기울기 하강 알고리즘 기반의 훈련 함수를 제공합니다. 이 함수를 사용하여 diamonds 데이터 세트에 대한 예측 함수를 훈련하시오.
2. 예측 함수를 그려서 예측과 데이터가 서로 부합되는지 관찰하시오.
3. 훈련 세트에서 함수의 평균 예측 오차를 계산하시오.
4. 반복 횟수 및 계수를 수정하는 과정에서 이러한 설정이 훈련 결과에 어떠한 영향을 주는지 관찰해 보시오.
   (a) 계수가 너무 크거나 또는 너무 작으면 어떤 문제가 생기는가?
   (b) 평균 예측 오차는 반복 횟수가 많아지면 어떤 변화가 생기는가?

단원 정리

이 단원에서는 반복 알고리즘을 사용하여 예측 함수의 매개변수를 얻는 방법을 학습하였습니다. 반복 알고리즘은 일차함수의 매개변수를 학습할 수 있는 방법을 제공합니다. 반복 알고리즘은 많은 기계학습 알고리즘 중에서 가장 널리 사용되고 있는 알고리즘입니다. 딥러닝 모델의 경우에도 반복 알고리즘을 사용하여 모델에서 매개변수를 찾습니다.

[자체 평가]

학습 내용	학습 평가		
지도학습의 훈련 과정	☐ 매우 우수	☐ 우수	☐ 보통
선형 회귀의 훈련 알고리즘	☐ 매우 우수	☐ 우수	☐ 보통
예측 오차 계산 및 매개변수 수정	☐ 매우 우수	☐ 우수	☐ 보통

5.4 데이터가 성능에 미치는 영향

앞에서 우리는 기계학습은 데이터를 기반으로 하고 있다는 것을 알수 있습니다. 지도학습의 전체 과정은 훈련 데이터를 지속적으로 평가하고 수정하는 것입니다. 기계학습 분야에서 데이터는 인공지능의 근원이며, 데이터가 없으면 인공지능이 없습니다. 구체적으로 데이터는 어떻게 인공지능에 영향을 미칠까요?

먼저 다음 연습을 통해 관찰해 보겠습니다.

연습

diamonds의 데이터 세트에서 서로 다른 크기의 서브세트를 무작위로 선택하여 예측 함수를 훈련(크기가 다른 3개의 서브 세트를 무작위로 선택하여 평가 함)하고 예측 함수를 그려보시오.

평가에서 우리는 데이터 세트의 크기가 예측 함수에 큰 영향을 미친다는 것을 관찰할 수 있습니다.

① 예측 함수는 매칭되거나 자동으로 훈련 샘플에 적용됩니다. 훈련 세트가 작을수록 예측 함수의 무작위 교란의 범위가 더 커집니다.

② 훈련 세트가 증가할수록 획득한 예측 함수는 고정된 위치에 근접하게 됩니다.

이 관찰으로 우리는 안정적이고 신뢰할 수 있는 예측 함수를 얻으려면 충분한 훈련 데이터 세트가 있어야 한다는 것을 알 수 있습니다.

생각과 토론

훈련 데이터 세트가 너무 작으면 예측 함수가 불안정해질 수 있습니다. 그렇다면 훈련 세트가 크면 클수록 좋을까요?

적절한 훈련 세트의 크기 외에도, 훈련 샘플의 분포는 예측 함수에 큰 영향을 미칩니다. 한 가지 예를 더 보겠습니다.

연습

diamonds와 diamonds.b는 서로 다른 다이아몬드의 무게와 가격 데이터이며, 절단 형태가 다른 다이아몬드에서 수집된 정보입니다. 우리는 앞에서 diamonds의 예측 함수를 훈련하였으므로, diamonds.b 데이터 세트를 비교하여 예측 함수를 그려보시오. 그리고 우리가 그린 예측 함수가 diamonds.b에 대한 적절한 예측 함수인지 확인하시오?

훈련 과정의 주요 목표는 예측 함수를 훈련 데이터에 최대한 적합하도록 하는 것입니다. 훈련 과정이 훈련 데이터 자체에 적용 가능한지 여부에 대해서는 판단할 수 없습니다. 앞의 연습에서 우리는 다음과 같이 관찰했습니다. 데이터 세트에 대해 학습된 예측 함수는 다른 조건에서 수집된 데이터에 사용되며 예측이 크게 벗어날 수 있습니다. 따라서 훈련할 때는 실제 응용 프로그램 분포와 비슷한 데이터 세트를 선택하는 것이 매우 중요합니다. 이것은 실제 응용 시스템을 구축하기 위한 중요한 원칙이기도 합니다. 예를 들어 특정 환경에 배치될 얼굴 인식 시스템을 구축하려면 가능한 한 동일하거나 비슷한 조건에서 수

집된 샘플을 사용하여 훈련해야 합니다. 다른 환경에서 훈련된 얼굴 인식 시스템을 새로운 환경에서 직접 사용하는 경우 정확성을 보장하기가 어렵습니다.

실제 작업에서 인공지능 모델(예: 예측 함수)의 정확성과 신뢰성을 확보하려면 다음과 같은 세 단계의 과정을 거쳐야 합니다.

① 훈련: 크기의 분포가 적합한 훈련 데이터를 수집하고, 이를 기반으로 모델을 훈련합니다.

② 평가: 다른 데이터 세트에서 훈련된 모델의 효과를 평가합니다. (예: 평균 예측 오차) 평가의 객관성을 보장하기 위해, 테스트 샘플은 훈련 샘플과 중복되지 않고 분리되어야 합니다. 그리고 테스트 샘플의 분포는 실제 응용의 분포를 반영해야 합니다.

③ 배치: 평가를 통과한 모델(예: 성능 지표가 예정된 기준에 도달)은 실제 환경에 배치하여 사용할 수 있습니다.

이 세 단계는 우리의 학습 과정과 매우 유사합니다.

우리가 기술을 배우려면 많은 연습을 해야 합니다. (훈련 단계)

훈련을 마치면, 이 기술을 효과적으로 습득했는지 평가하기 위해 시험을 봅니다. (평가 단계)

시험에 합격하면 학교를 떠나 실제 직장에서 일을 할 수 있습니다. (배치 단계)

그리고 평가의 유효성을 보장하기 위해서는 시험 문제와 직장에서 발생하는 문제가 유사해야 합니다.

생각과 토론

모델 평가에 통과하면 실제로 응용이 가능합니다. 만약 평가를 통과하지 못한다면, 우리는 어떠한 방식으로 개선할 수 있을까요?

단원 정리

이 단원에서는 지도학습의 기본 원리를 이해했습니다. 훈련 세트에서 알고리즘으로 매개변수를 자동으로 설정하여 예측값과 실제값의 오차를 최대한 줄일 수 있습니다.

우리는 또한 이 목표를 달성하기 위한 간단한 전략을 배웠습니다. 오차를 줄이기 위해 지속적으로 평가하고 수정하는 평가 과정을 자세히 알아보았습니다.

지도학습 과정에서 훈련 데이터는 최종 모델에 중요한 영향을 미칩니다. 안정적인 성능을 내는 예측 함수를 얻으려면 크기와 분포가 적절한 훈련 데이터를 선택하고, 실제 배치하기 전에 독립적인 평가를 통해 성능이 정해진 기준에 충족하는지 확인해야 합니다.

[자체 평가]

학습 내용	학습 평가		
예측 함수와 훈련 세트의 관계	☐ 매우 우수	☐ 우수	☐ 보통
기계학습에서 훈련 세트의 작용에 대한 이해	☐ 매우 우수	☐ 우수	☐ 보통
기계학습의 3단계	☐ 매우 우수	☐ 우수	☐ 보통

5.5 회귀에서 분류까지

우리가 지금까지 예측하려고 한 목표는 모두 한 가지 특징이 있습니다. 즉 다이아몬드의 가격이든 사람의 몸무게이든 '연속적인 수치'입니다. 예를 들어 엄마와 아빠가 기분이 좋은지 화를 내고 있는지, 요리가 맛있는지 아닌지를 판단하거나, 다이아몬드의 가격과 무게를 기준으로 다이아몬드의 투명도 등급을 추정하는 등의 예측 목표는 연속적이지 않습니다. 연속 값을 예측하는 방법을 '회귀'라고 합니다. 불연속 값의 예측은 '분류' 문제에 해당합니다. 이 단원에서는 분류 문제에 대해 학습하겠습니다. 먼저 아래 [표 5-4]를 보면, 15가지 다이아몬드의 가격, 무게 및 투명도 등급이 적혀 있습니다.

[표 5-4] 다이아몬드의 무게와 투명도 등급

가격	무게	등급	가격	무게	등급	가격	무게	등급
30	3	높음	18	3	낮음	25	3	높음
30	3	높음	21	3	낮음	24	3	높음
16	2	높음	8	2	낮음	3	1	낮음
20	2	높음	14	2	낮음	30	4	낮음
7	1	높음	5	1	높음	45	4	높음

편의상 가장 높은 두 개의 등급을 '높은 투명도'로 분류하고, 나머지 등급을 '낮은 투명도'로 분류합니다. 이 예에서는 다이아몬드의 가격이 높거나 무게가 낮을수록, 투명도가 높다는 것을 알 수 있습니다. 또

는 다이아몬드의 가격과 무게의 비율로 대략적인 다이아몬드의 등급

을 판단할 수 있습니다. 숫자표보다 산포도를 사용하면 이러한 데이터

를 더 시각적으로 나타낼 수 있습니다.

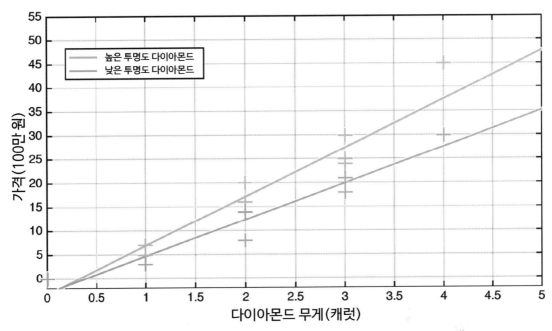

[그림 5-10] 초록색 선은 투명도가 높은 다이아몬드의 예측 함수입니다. 초록색 선의 기울기가 클수록 같은 무게일
경우 투명도가 높은 다이아몬드의 가격은 투명도가 낮은 다이아몬드의 가격보다 높습니다. 파란색 선은 투명도가
낮은 다이아몬드의 예측 함수입니다.

이 산포도에서 투명도가 다른 다이아몬드를 각각 다른 색으로 나타

내었으며, 두 종류의 다이아몬드가 다른 직선에 분포한다는 것을 볼

수 있습니다. 우리는 다이아몬드가 어떤 선에 더 가까운지를 보고 다

이아몬드의 투명도 등급을 판단할 수 있습니다. 그리고 다음과 같은

표현식의 결괏값으로 투명도 등급을 판단할 수 있습니다.

$(a\_h*x+b\_h-y) - (y-a\_l*x-b\_l)$

만약 이 값이 0보다 크면 투명도가 낮은 다이아몬드이고, 그렇지 않으면 투명도가 높은 다이아몬드를 나타냅니다.

일반적으로 다음과 같은 식으로 적을 수 있습니다.
$(a\_h + a\_l)*x - 2*y + b\_h + xb\_l > 0,$
또는
$ax + by + c > 0$

만약 이 조건이 참이라면, 다이아몬드의 투명도가 높습니다. 만약 이 조건이 거짓이라면, 다이아몬드의 투명도는 낮습니다. 여기서 a, b, c의 계수는 [그림 5-11]과 같이 확정할 수 있습니다.

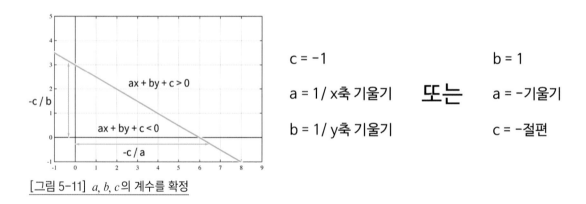

[그림 5-11] a, b, c의 계수를 확정

모눈종이에서 거리를 측정하고 간단한 계산을 하여 a, b, c의 계수를 구할 수 있습니다. 즉 (가격, 무게) → 투명도의 관계를 알아낼 수 있습니다.
또한, 앞에서 확정한 (가격, 무게) → 투명도의 관계를 이용하여 다이아몬드의 투명도를 추정할 수 있습니다.

예제

위의 예측 함수에 따라 무게가 0.2캐럿, 0.4캐럿과 0.6캐럿의 다이아몬드의 가격이 각각 100만 원, 900만 원, 300만 원인 경우, 다이아몬드의 투명도를 각각 예측해 보시오.

```
a = 1                       # ~~~~~~~~~~a
b = 1                       # ~~~~~~~~~~b
c = 1                       # ~~~~~~~~~~c
xs = [0.2, 0.4, 0.6]
prices = [1, 9, 3]          # 단위 백만 원
for x, price in zip(xs, prices):
    if a*x+b*price+c > 0:
        print('높은 투명도')
    else:
        print('낮은 투명도')
```

이 예제에서는 먼저 직선의 방정식에 값을 주고, 데이터를 대입하여 다이아몬드의 투명도 계수를 판단하였습니다.

이 단원에서 학습한 지식을 이용하여 알아낸 (가격, 무게) → 투명도의 관계를 새로운 다이아몬드 데이터에 응용할 수 있습니다. 또 다른 데이터의 분류 함수도 알아낼 수 있습니다.

연습

1. 앞의 예측 함수에 따라 무게가 0.3캐럿, 0.5캐럿과 0.9캐럿의 다이아몬드의 가격이 각각 200만 원, 100만 원, 1,000만 원인 경우, 다이아몬드의 투명도를 각각 예측하시오.

2. body_gender.train 데이터에서 우리는 100명의 키와 몸무게 및 성별 데이터를 수집하였습니다. 앞의 내용과 이전에 소개한 예측 함수를 구축하는 방법으로 20개의 데이터 점을 선택하여 키에 따른 몸무게 측정 공식을 도출하시오.

단원 정리

이 단원에서는 새로운 작업인 분류에 대해 학습하였습니다. 먼저 학습한 회귀 예측 함수와 달리, 분류 예측 함수는 불연속 결과(높고 낮음, 무거움과 가벼움 등)를 출력합니다. 분류 작업은 인공지능에서 가장 중요한 작업 중 하나이며, 인공지능의 많은 문제는 이러한 분류 문제로 구분할 수 있습니다.

[자체 평가]

학습 내용	학습 평가		
분류와 회귀의 구분	☐ 매우 우수	☐ 우수	☐ 보통
문제를 분류하는 기본 사고	☐ 매우 우수	☐ 우수	☐ 보통
선형 분류 함수	☐ 매우 우수	☐ 우수	☐ 보통

5.6 분류 예측 함수의 평가

동일한 분류 문제에 대해 다양한 예측 함수를 시도할 수 있습니다. 다이아몬드의 투명도 예에서, 우리는 직선의 매개변수 a, b, c를 다른 값으로 설정하면 다른 예측 함수를 얻을 수 있습니다.

우리는 직선에 따라 예측 효과가 다르다는 것을 알 수 있습니다. 이전과 마찬가지로, 분류 예측 함수의 정확도를 평가하는 정량적인 방법이 필요합니다.

　이것은 마치 우리가 훈련하는 분류기(Classifier)가 학생이고, 데이터는 시험 문제인 것과 같습니다. 우리는 선생님처럼 이 학생의 앞으로의 시험에 대한 '점수'를 예측하여 매길 수 있습니다.

　여기서 예측 유형과 실제 유형의 차이를 예측 오차 또는 분류 오차라고도 하며, 다음과 같은 공식으로 계산할 수 있습니다.

　예측 오차 = {예측 유형 = 실제 유형 0, 예측 유형 ≠ 실제 유형 1}

　이전과 마찬가지로 테스트 세트를 수집하고, 샘플에서 분류기의 오차를 평가합니다. 여기서 얻은 평균값은 예측 오차율이라고 하며, 분류 예측 함수의 분류 성능을 평가하는 데 사용합니다. 오차율이 작을수록 분류기의 예측이 더 정확하다는 것을 나타냅니다.

　만약 높은 투명도를 1로 한다면, 낮은 투명도는 0으로 할 수 있습니다. 사실 이 예측 오차의 정의는 1단원에서 학습한 제곱 오차의 정의와 같습니다. 또한, 이 오차의 정의는 직관적이며, 선택하여 맞으면 득점하고, 틀리면 득점하지 않습니다. 마지막으로 100문제를 풀고 나서 얻은 점수는 이 분류 예측의 '정확도'입니다.

예제

위에서 얻은 예측 함수에 따라 다음 4개의 다이아몬드에 대한 분류의 정확도를 확인하시오. 높은 투명도를 띠는 두 개의 다이아몬드의 무게는 각각 0.2캐럿과 0.6캐럿이고, 가격은 각각 400만 원과 1,200만 원입니다. 낮은 투명도를 띠는 두개의 다이아몬드의 무게는 각각 0.3캐럿과 0.7캐럿이고, 가격은 각각 550만 원과 1,300만 원이다.

```
a, b, c = 1, 2, 3          # 매개변수에 값을 할당
xs = [0.2, 0.6, 0.3, 0.7]
prices = [4, 12, 5.5, 13]   # 단위 백만 원
```

```
labels = [1, 1, 0, 0]
sum_err = 0
for x, price, label in zip(xs, prices, labels):
    if a*x+b*price+c > 0:
        res = 1
    else:
        res = 0
    if res != label:
        sum_err += 1
print(sum_err/len(xs))
```

이 예제에서 우리는 제시된 다이아몬드의 무게와 가격을 바탕으로, 변수 label(s)로 다이아몬드의 실제 투명도(ground truth 또는 실제값)를 지정할 수 있습니다. 만약 실제 투명도와 예측한 투명도가 res와 같다면 총 오차는 변하지 않습니다. 그렇지 않으면 총 오차 1이 누적됩니다. 마지막으로 평균 오차는 총 오차를 평가한 다이아몬드의 개수를 나눈 값입니다.

일반적으로 작은 데이터 세트에서 분류기를 평가하여 얻은 성능 평가는 실제 성능과 큰 차이가 날 수 있습니다. 분류기를 객관적이고 정확하게 평가하려면 더욱 큰 테스트 세트가 필요합니다.

연습

1. diamond_classify.test(테스트 세트)에는 다이아몬드의 무게, 가격, 투명도에 관한 데이터가 저장되어 있습니다. 3명의 학생이 각각 얻은 분류 규칙을 수집하여 분류 오차를 계산하시오.

2. 이전 연습에서 키에 따른 몸무게를 계산하는 분류 예측을 진행하였습니다. body_gender.test(테스트 세트)에서 이러한 예측 함수의 평균 분류 오차를 계산하시오.

단원 정리

이 단원에서 우리는 회귀 문제와 분류 문제에 대해 학습하였습니다. 분류 문제에서 예측 함수의 출력은 불연속 변수이며, 분류 문제는 디지털화와 예측 함수라는 두 개의 중요한 과정을 포함하고 있다는 것을 배웠습니다. 회귀 문제와 마찬가지로 분류 문제의 예측값은 완전히 정확하지는 않습니다. 예측 함수의 정확도를 평가하려면 일정한 데이터 세트가 필요합니다.

이 단원에서 우리는 평균 예측 오차를 계산하는 간단한 평가 방법에 대해 학습하였습니다. 오차가 작을수록 예측이 정확하다는 것을 나타냅니다. 분류 문제는 실제로 회귀 문제보다 더 복잡하며, 분류 문제에는 더 많은 오차 평가 방법이 있습니다. 그렇지만 이 부분은 조금 더 높은 과정에서 배우게 됩니다.

[자체 평가]

학습 내용	학습 평가		
예측 오차와 정확도	□ 매우 우수	□ 우수	□ 보통
분류 오차 함수의 구현	□ 매우 우수	□ 우수	□ 보통
분류 예측 함수의 평가	□ 매우 우수	□ 우수	□ 보통

5.7 분류 함수의 훈련

다이아몬드의 투명도 분류 문제에서는 $ax + by + c = 0$과 같은 직선으로 2차원 평면을 두 부분으로 나누고, 간단한 기하학적 계산으로 매개변수인 계수 a, b, c를 확정했습니다. 그렇지만 매번 좌표 평면에 직선을 그리는 방법으로 변수를 확정하는 것은 번거롭습니다.

따라서 직선의 매개변수를 자동으로 결정하는 방법을 찾아야 합니다. 이것은 지도학습의 문제로서 데이터를 입력하여 매개변수를 확정할 수 있습니다.

분류 문제는 인공지능에서 중요한 위치를 차지하고 있습니다. 예를 들어 얼굴 인식에서는 분류기(Classifier)를 사용해 얼굴의 주인공이 개인 사용자인지, 연예인인지를 판단합니다. 또 음성 인식에서는 분류기를 사용해 이 목소리가 어떠한 단어를 말하고 있는지를 판단합니다. 스팸 메일을 필터링하는 과정에서도 스팸 메일인지 아니면 정상적인 메일인지 판단합니다. 컴퓨터의 경우 랜덤(random) 모듈을 사용해 불연속 데이터를 쉽게 만들고 처리할 수 있습니다.

반복 알고리즘을 사용하여 선형 분류 함수의 매개변수를 구할 수 있습니다. 여기서는 $ax + c$와 같은 함수를 사용하여 다이아몬드의 투명도 z를 분류하겠습니다.

분류의 평가와 수정 알고리즘

훈련 세트 설정: $(x_1, z_1), \cdots, (x_n, z_n)$

매번 점(x_i, z_i)을 선택하여 다음과 같이 수정합니다.

1. (평가) 예측 오차를 계산: $e_i = y_i - h(x_i)$

2. (수정) 매개변수 a를 수정: $a \leftarrow a + \lambda e_i x_i$

3. 매개변수 c를 수정: $c \leftarrow c + \lambda e_i$

주의 사항: 여기서는 함수 h를 설명합니다. 회귀 문제에서, $y = ax$ 계수를 풀 때, h는 ax입니다. 물론 $y = ax + b$를 푼다면, 여기서 h는 $ax + b$입니다. 실제로 h는 판단 함수이고, 이렇게 하면 오차는 예측 오차가 됩니다.

그런 다음 분류 문제에서 $ax + c > 0$을 찾아야 할 때 1에 가까워질 수 있습니다. $ax + c < 0$ 인 경우 0과 가까운 함수를 얻을 수 있습니다. 여기에는 로지스틱(Logisitic) 함수 또는 부분 선형 함수를 사용하는 두 가지 선택이 있습니다.

로지스틱

부분 선형 함수

$$h(x) = \frac{1}{1 + \exp(-ax - c)} \qquad h(x) = \begin{cases} 1 & ax + c > 3 \\ 0 & ax + c < -3 \\ \dfrac{1}{2} + \dfrac{ax + c}{6} & otherwise \end{cases}$$

사실, 이 두 개의 함수는 매우 비슷합니다.

h 함수를 구현한 다음, 반복 알고리즘을 사용하여 분류 함수를 계산합니다.

x와 y를 동시에 고려하면, 반복 과정에서 $b \leftarrow b + \lambda e_i x_i$를 추가하고, h 함수에 $b * y$ 항을 추가하면 됩니다.

예제

몸무게와 성별 훈련 세트가 각각 [40, 35, 55, 39]와 [0, 0, 1, 1]인 경우, 분류 함수 $ax + c$에서 a와 c의 계수를 구하시오.

```python
import random
xs, ys = [40, 35, 55, 39], [0, 0, 1, 1]
a, c = 1, 1
learn_rate = 0.01
for iter in range(100):
    i = random.randint(0, len(xs) - 1)
```

```
    res = h(x, a, c)
    e = ys[i] - res
    a += learn_rate*e*xs[i]
    c += learn_rate*e
print(a, c)
```

이 예제에서 반복 알고리즘을 사용하여 100번 반복해서 계수 a와 c의 값을 얻었습니다. 물론 정확한 값을 구하기 위해 h 함수도 구현했습니다.

```
def h(x, a, c):
    res = (x*a+C)/6.0+0.5
    return min(max(0, res), 1)
```

여기서는 최댓값과 최솟값, 두 개의 값을 사용하여 함수를 간단하게 구현했습니다.

이어서 간단한 1차원 분류를 한 다음, 다이아몬드 데이터 세트에서 평가를 해보겠습니다.

연습

1. diamond_classify.train 데이터 세트를 기반으로 예측 함수인 선형 분류 함수를 구현하시오.
2. 예측 함수의 분류선을 화면에 그리고 예측과 데이터가 일치하는지 확인하시오.
3. 훈련 세트에서 함수의 평균 예측 오차를 계산하시오.
4. a, b, c의 값을 서로 다르게 초기화하고 이러한 설정이 훈련 결과에 어떠한 영향을 주는지 관찰하시오.
   (a) 계수가 크거나 작으면 어떠한 문제가 있는가요?
   (b) 평균 예측 오차는 반복 횟수의 증가에 따라 어떤 변화가 있는가요?

단원 정리

　이 단원에서는 분류 함수의 훈련 방법을 학습하였습니다. 분류 함수의 훈련은 선형 회귀 함수보다 더 복잡하지만, 실제 응용에서는 분류 함수가 더 광범위하게 사용됩니다. 분류 함수의 훈련 과정은 지도학습에도 적용됩니다. 즉 훈련 세트에서 알고리즘을 사용하여 매개변수를 설정하고, 예측값과 실제값의 오차를 최소화합니다.

[자체 평가]

학습 내용	학습 평가		
선형 분류의 훈련 알고리즘	☐ 매우 우수	☐ 우수	☐ 보통
분류의 평가와 수정 알고리즘	☐ 매우 우수	☐ 우수	☐ 보통

5.8 분류기의 패키지 및 호출

앞 단원에서 우리는 선형 회귀 함수, 선형 분류 함수를 학습하고, 데이터를 사용하여 적합한 선형 회귀 함수 또는 선형 분류 함수의 매개변수를 구하는 방법을 배웠습니다.

이전에는 이러한 방법을 이해하기 위해 스스로 반복 알고리즘을 작성하고 학습을 했습니다. 하지만 실제로는 컴퓨터 개발자의 편의를 위해 기존 알고리즘에는 익숙한 프로그램 패키지가 포함되어 있습니다.

이 단원에서는 기계학습의 개념을 추상적인 관점에서 전체적으로 살펴보겠습니다.

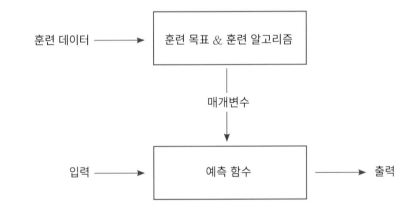

[그림 5-12]
기계학습의 과정

예측 함수는 매개변수를 가지고 있는 함수입니다. 예를 들면 $y = ax$ 에서 a, $y = ax + b$ 에서 a와 b, 또는 분류 직선 방정식 $ax + c = 0$ 에서 a와 c가 매개변수입니다. 훈련 목표는 예측 함수를 평가하는 함수이며, 우리는 가능한 한 좋은 예측 함수를 얻기 위해 매개변수를 계속 수

정하게 됩니다. 여기서 매개변수를 수정하는 과정이 훈련 알고리즘에 해당합니다. 훈련 데이터는 훈련 알고리즘에 필요한 입력값입니다.

앞에서 우리는 선형 회귀 등 기계학습의 훈련 알고리즘을 구현했습니다. 그렇지만 실제로 많은 문제에 대해 동일한 기계학습 알고리즘을 사용할 수 있습니다. 이러한 알고리즘이 미리 패키지되어 있으면, 해당 툴킷[4]을 사용할 수 있으므로 개발 시간을 줄일 수 있습니다. 다음과 같은 예를 보겠습니다.

4) 툴킷(tool kit): 특정 목적을 수행하기 위해 필요한 도구를 한 번에 제공하기 위한 도구

예제

일반 함수를 구현하고, 데이터 세트 xs와 ys를 입력한 후, $y = ax$에서 a 계수를 구하시오.

```python
import random
def hooke_regression(xs, ys):
    a = 0
    learn_speed = 0.01
    a =0
    for _ in range(100):
        i = random.randint(0 , len(xs) - 1)
        e = ys[i] - a*xs[i]
        a += learn_speed*e*xs[i]
    return a
```

이 함수의 주요 부분은 2단원에서 배운 것과 비슷합니다. 이 함수를 정의한 다음, hooke_regression을 호출하여 계수 a를 구할 수 있습니다.

기계학습의 함수를 정의하면, 이 회귀 함수를 여러 번 호출할 수 있습니다. 그렇지만 여기에 문제가 있습니다. x와 y의 회귀 함수를 어떻게 구축해야 할까요? $y = ax + b$를 사용하여 모델을 구축하려면 hook_regression 함수를 사용하여 학습해야 합니다. $y = ax + b$를 사용하여 모델을 구축하는 경우에는 linear_regression 함수와 같은 다른 함수를 사용하여 학습해야 합니다. 이 경우 일치하지 않는 예측 함수와 훈련 알고리즘을 사용하면 프로그램에 오류가 발생합니다.

소프트웨어 공학에서는 이러한 오류를 방지하는 더 좋은 방법이 있습니다. 클래스를 정의하면 $y = ax$와 hooke_regression을 연결할 수 있습니다. 다음 예제에서 $y = ax$ 함수에 해당하는 클래스를 구현해 보겠습니다.

예제

$y = ax$의 예측과 훈련을 지원할 수 있는 클래스를 구현하시오.

```
class HookeRegressor:
    def train(self xs, ys):
        self.a = hooke_regression(xs, ys)
    def predict(self x)
        return self.a * x
```

---

5) 추상화(abstraction): 복잡한 자료, 모듈, 시스템 등으로부터 핵심적인 개념 또는 기능을 간추려 내는 것.

클래스는 특정 클래스에 대한 동일한 객체를 추상화[5]한 것이며, 분류기의 툴킷으로 쉽게 이해할 수 있습니다. 각 분류기는 하나의 클래스에 해당하며, 구현된 분류기의 툴킷을 호출하여 데이터를 직접 훈련하고 예측할 수 있습니다. 복잡한 과정을 함수나 클래스로 패키지하고, 외부에는 간단한 인터페이스(예: train과 predict)만 제공합니다. 또한, 사용자는 분류기의 훈련 알고리즘 변경했던 것처럼 외부에서 분류기의 기능을 직접 수정할 수 없습니다. 따라서 패키지 내부의 알고리즘에 대한 정확성을 보장할 수 있습니다.

이렇게 하면 어떤 장점이 있을까요? $y = ax$와 $y = ax + b$를 동시에 사용하여 데이터 모델을 만드는 경우, 소프트웨어 개발에서는 일반적으로 이를 하나로 묶는 패키지 방법이 사용됩니다. 패키지를 사용하면, 사용자는 기능 구현의 세부 사항에 관심을 갖지 않고 인터페이스 사용에 집중할 수 있으며, 기능 개발자는 내부 구현의 유연성을 지속적으로 조정하고 향상시킬 수 있습니다. 외부의 호출 코드에 영향을 주지 않고 내부 구현을 수정할 수 있습니다. 또한, 많은 플랫폼에는 선형 회귀와 같은 함수가 패키지로 잘 구비되어 있으므로, 파일만 잘 읽으면 복잡한 기계학습의 메소드[6] 를 구현하지 않아도 해당 함수를 쉽게 호출할 수 있습니다.

[6] 메소드(method): 특정 작업을 수행하기 위한 명령문의 집합

예제

이미 구현한 Hooke_regressor와 Liner Regressor 클래스를 호출하여 *xs*와 *ys* 데이터에 대한 모델을 만드시오. *x* = 3인 경우, 두 모델의 값을 예측하시오.

```
model1 = HookeRegressor()
model2 = LinearRegressor()
xs = [1, 2, 3, 4, 5]        # 데이터
ys = [2, 4, 6, 8, 10]       # 데이터
```

```
model1.train(xs, ys)
model2.train(xs, ys)
print(model1.predict[3])
print(model2.predict[3])
```

이렇게 구현하면 모델의 매개변수가 코드에 나타나지 않기 때문에 매개변수를 잘못 사용하는 상황이 발생하지 않습니다. 이처럼 동일한 세트인 x와 y에 대한 회귀 문제는 Hooke 정리, 선형 함수 또는 다항식 함수를 사용하여 매칭할 수 있습니다. 그리고 분류 문제인 경우에는 선형 분류기, 의사결정 트리 또는 다른 분류기를 사용하여 분류를 할 수 있습니다. 이렇게 코드를 추상화해 사용하면 다음에 다른 분류기를 호출할 때 매우 편리합니다.

연습

1. 앞에서 학습한 내용을 반복하여 평가하고, 선형 회귀 및 선형 분류를 모두 해당 형식으로 패키지하시오.

2. 다이아몬드 투명도 분류 문제와 같은 분류 문제에서 선형 회귀 알고리즘을 호출하면 어떤 결과가 나타날까요? 정상적으로 분류할 수 있습니까? 또한, 성능은 어떻습니까?

3. 테스트 플랫폼에서 다항식 회귀를 찾은 다음, dog_classify.train 데이터에서 강아지의 신장과 무게 데이터의 모델을 만드시오. 아울러 dog_classify.test를 평가한 다음, 다항식 회귀와 선형 회귀를 비교하여 어느 방법이 더 효과적인지 설명하시오.

단원 정리

　이 단원에서는 기계학습 함수의 패키지(캡슐화) 방법을 학습하였으며, 기계학습 훈련과 평가 함수를 추상화할 수 있다는 것을 알게 되었습니다. 이렇게 하면 다양한 문제를 해결하기 위해 각종 기계학습 툴킷을 반복하여 사용할 수 있습니다. 실제 예측할 때, 각 상황에 적합한 지도학습 툴킷을 호출하면 기계학습 문제를 해결할 수 있습니다.

[자체 평가]

학습 내용	학습 평가		
기계학습의 개념	☐ 매우 우수	☐ 우수	☐ 보통
객체에 대한 기본 개념	☐ 매우 우수	☐ 우수	☐ 보통
Hooke_regressor 훈련과 예측 함수 매핑	☐ 매우 우수	☐ 우수	☐ 보통

이 장의 요약

기계학습은 인공지능에서 매우 중요한 개념입니다. 기계학습에 관한 내용이 인공지능 교과서의 핵심이라고 말할 수 있습니다. 기계학습의 훈련, 평가, 예측 함수 및 매개변수의 개념을 이해해야만 지금의 인공지능을 제대로 이해할 수 있습니다. 이 장에서 학습한 내용을 바탕으로 함수를 사용한 데이터 모델을 만들 수 있으며, 기계학습 알고리즘에 적합한 매개변수를 만들 수 있습니다. 이러한 학습을 실행하기 위해서는 훈련 데이터가 필요합니다. 이러한 과정으로 예측 함수를 훈련할 수 있으며, 새로운 데이터에 응용해 사용할 수 있습니다.

다른 장과 달리 이 장에는 추상적인 내용이 포함되어 있습니다. 하지만 여러분이 추상적인 수준에서 기계학습의 개념을 이해할 수 있으면, 이 개념으로 이미지 인식 및 음성 인식과 같은 분야에 실제로 적용할 수 있습니다. 정규 대학 및 대학원의 인공지능 학습에서도 이러한 과정을 거치고 있습니다.

이 장의 연구를 통해 올바른 인공지능 개념을 확립하기 바랍니다. 사람의 지능은 모든 문제를 해결할 수 있는 만병통치약이 아닙니다. 대량의 데이터 지원과 완전한 기계학습 알고리즘이 있어야 예측 및 의사결정 기능을 갖춘 인공지능 알고리즘을 적절히 활용할 수 있습니다.

중·고등학생을 위한
인공지능 교과서 ①

| 2020년 | 7월 15일 | 1판 | 1쇄 | 발 행 |
| 2021년 | 7월 30일 | 1판 | 2쇄 | 발 행 |

책임편집 : 천위쿤(陳玉琨)
옮 긴 이 : 사이언스주니어인공지능연구회
펴 낸 이 : 박　　　정　　　태

펴 낸 곳 : **광　　문　　각**

10881
파주시 파주출판문화도시 광인사길 161
광문각 B/D 4층
등　　록 : 1991. 5. 31 제12 - 484호
전　화(代): 031-955-8787
팩　　스 : 031-955-3730
E - mail : kwangmk7@hanmail.net
홈페이지 : www.kwangmoonkag.co.kr

ISBN : 978-89-7093-998-8　93000

값 : 16,000원

한국과학기술출판협회
Korean Science & Technology Publisher Association

불법복사는 지적재산을 훔치는 범죄행위입니다.
저작권법 제97조 제5(권리의 침해죄)에 따라 위반자는 5년 이하의
징역 또는 5천만원 이하의 벌금에 처하거나 이를 병과할 수 있습니다.